はじめに

人は生きている限り、誰でも失敗や挫折、ピンチに直面しますね。

「あぁ……！　もうどうしよう……!!」

「もうダメだ……」

なんて言う状況をいくつもいくつも迎えます。

じつは、ボクもそうだったの。中学、高校、大学、それから社会に出てからも、数えたらキリがないくらい挫折や失敗、ピンチの連続でした。

「いや〜、これだけたくさん失敗してよくグレなかったですね〜！」

先日、ある人にそうビックリされたくらいなのよ。

ピンチになると一瞬うろたえ、方向性を見失い、時には真っ暗な穴に落ち、出口もわからず心も折れてしまいます。あまり長期間続くと心を病みかねません。

そんな時こそ、〝スイッチ〟の出番。心の中にあるスイッチです。

ピンチに飲み込まれてしまう前に、スイッチを素早く〝オフ〟にすれば、自分の心をサッと守ることができます。正面からまともにピンチを受け止めないから、大事な芯はポッキリ折れずに済むんです。スルーしちゃうところは華麗にスルーしちゃっていいんですね。

そうすれば、矛盾も露わになりません。前に進むために何より大切な自己肯定感を根こそぎ奪われることはありませんよ。言ってみれば、〝負けて勝ちとれ〟の精神ね。

その際のポイントは、スイッチを切るかどうかの判断を適切に行うこと。自分のこだわりや信念と照らし合わせてみて、閉じた方がいいか見極めるんです。何でもかんでも、

「これはムリ!」

「あれもダメ!」

と閉じてしまっては自分が伸びて行けないのよ。

そんな時には反対に、今度はスイッチを〝オン〟。

「失敗してもいいから、やってみようか」

「ま、いっか」

それまでのこだわりや先入観を一度、外して、ピンチだからこそ、あえて積極的に自分を広げてみましょ。〝ピンチはチャンス〟と良く言われるけれど、追い込まれた状況だからこそ、目の前にはたくさんの選択肢や可能性が転がっています。想像もできなかったような〝変身〟や〝飛躍〟も期待できるんですね。そうすれば何度つまづいたって、ピンチに直面するたびに力をつけ豊かに成長できるものね。

さぁ、〝オン〟〝オフ〟のふたつのスイッチをうまく切り替えるコツを、ボクと一緒に考えてみましょ！

尾木ママ

Contents

ピンチから「じぶんを広げる」スイッチの入れ方

デザイン　大塚さやか
イラスト　松橋元気

ピンチで
「じぶんを守る」
スイッチの切り方

1

いじめからは一時避難
「エネルギーはとっておく」

ボクは滋賀県の北東部、伊吹山のふもとで生まれ育ちました。ボクが生活していた当時は小さな村でしたけれど、いまでは米原市に合併しています。

２０１１年から、ボクはこの米原市の『ふるさと大使』を務めているのです。それ以来、自然豊かで懐かしい故郷に、講演会や子育てイベントなど、何度も足を運ぶようになりました。そんな折、小学校時代の同級生たちが集まって、同窓会を開いてくれたんですよ。同級生と会うのはもう何十年ぶりでしょうか。時間も忘れるほど話もはずんで、それは楽しい宴会になったのですけれど、その席で、同級生のひとりがボクのそばにやってきたんですね。

「尾木クン、じつは私、キミに謝らないといけないことがあるんだよ……」

「ボク、小学生のときに尾木クンをいじめてたんだ。それを謝りたくて……」

急にそんなことを言い出すものだから、ボクはただもうビックリ。

「学校の帰り道で、〝おんぶして行け！〟って、キミに坂道をおんぶさせたんだ

……」

「えーっ⁉　そんなことあったたっけ⁉」

小学校時代は楽しい思い出。ボク自身、いじめられたという記憶がまったくないんですもの。そう言われても思い出せなかったですからね。

ところが、ボクをいじめたというその男性はずっと覚えていたというんですね。65歳になった今日まで50年以上もずっと、そのことを心の中で悔いていた、というんですね。

ボクが公立中学校で教員をしていたときのKクンという男子生徒も、ずっと後になって再会した時に、ボクとの思い出を話してくれました。ある日の放課後、ふと教室を覗くと、3人のクラスメートがKクンを掃除用具のロッカーに押し込んでいたんです。そしてロッカーを外からボコボコ蹴ったりしているんです。ボクは慌てて駆け寄ってロッカーを開けてKクンを引っ張り出しました。

「何をしているんだ！　キミたち、ひどいじゃないか！」

ところが、その閉じ込められていた張本人のKくんはニヤニヤ笑っているんです。

「いや、先生、遊んでるだけだからいいんですよ」

その言葉に、ボクは思わず、いじめていた3人組ではなくKクンの方を大声で叱りました。

「こんな不当で非人間的なことをされて、〝楽しい〟なんて思えるようなキミであってはいけない！　ここで怒れるような、悔しいと思えるような人間でなければダメじゃないか！　何をヘラヘラ笑ってるんだ！」

これを聞いていた3人組はビックリ。素直に「すみませんでした」とKクンに頭を下げました。この時の話をKクンは「いまでも、尾木先生に叱られたことを覚えていますよ」とボクに言いました。

いじめという行為は、それだけ長い月日、立場を超えて尾を引く、根の深い行為なんですね。ひと言で言うならば〝心への虐待〟行為なんです。被害者にとってはもちろん、加害者にとっても心に深い傷跡を残すんです。だからこそいじめは絶対に許してはいけないの。

先ごろ、そんなボクの故郷で痛ましく、悲しい、いじめ事件が起きました。

加害者とその親、そして学校、教育委員会、市……あまりにずさんな調査、およそ教育関係者とは思えない言動、信じられないような事実が次々と明るみになっています。ひとつひとつについて疑問や怒りをぶつけることは、ここではしませんけれども、ボクがハッキリと伝えておきたいことがあるんです。

それは、いじめは法的にもあるいは心への犯罪行為だということです。

いじめが表沙汰になった時、加害者や学校は必ずこう弁明しますね。

「遊びだと思っていた」

「〝ふざけ〟のつもりだった」

「いじめではなくケンカだと思った」

では、遊びならばすべてが許されるのでしょうか?

人の命を奪う結果になっても、「ふざけていた」で済まされるのでしょうか?

力関係にあまりにも差がある者同士のいさかいをケンカと呼ぶのでしょうか?

言うまでもなく、それは大きな間違いですね。

人の体や心、プライドを傷つける〝遊び〟。

人のお金や大切な物を奪ったり壊したりする〝遊び〟。

これらは全部、れっきとした犯罪でしかありません。

そして、いじめは加害者が１００％悪いんです。

そこに理由や理屈なんてありませんよ。

悪いものは、悪い。いけないものは、いけない。

命というものは、何よりも重く、尊いものだということ。

こうした人の道を教えるのが、学校という場所なんです。教育という仕事なんです。勉強だとか学力だとか、そんなものは二の次、三の次なんですよ。教育という仕事には、そんな覚悟が必要なんです。その覚悟がない人が教壇に立って、まっすぐに子どもたちの顔を見ることができるでしょうか？　それが出来ないのなら、それはキツいと感じるなら、助けて欲しいとＳＯＳを出している子どもたちに向き合えないのなら、サッサと教師を辞めて別の道を探したほうがいい。

でも、いじめは学校だけの力では取り組めません。家庭の協力が不可欠です。

とても残念ですけれど、〝いじめられない子育て〟〝いじめられない教育法〟はありません。

「成績がいいから」

「運動も出来て、非の打ちどころがないから」

「みんなに好かれているから」

あらゆることが、いじめの理由になってしまうからです。

でも、〝いじめない子育て〟は出来る。

「いじめは許されない事なんだよ」

「いじめをする人はとても卑怯なんだよ」

子どもを、いじめという卑怯な行為に加担させないような導きは、家庭でも出来るんです。加害者がいなくなれば、いじめは起きませんね。

そうして、いじめられているキミへ。

いじめに加担するような無責任で卑怯な人たちのために、自分の尊い人生を犠牲にしてしまう必要はまったくありませんよ。

耐えたり、戦うことはすぐに止めればいい。そんな学校に行く必要はまったくないんです。転校してもいいし、家でテレビを観ていたっていい。

だって、誰にも迷惑かけることなんてしてないでしょ？　まずは自分の心のスイッチを完全にオフにしてしまいましょ。

　そうやって学校から一時避難したら、自分にとってもっと大切な、素敵な時のためにエネルギーを温存しておきましょ。そして、後でゆっくり巻き返せばいいじゃない。

　きっと、自分で想像しているよりも外の世界はすごく広いはず。その広い世界には無限の可能性が詰まっているんですよ。

　それを知らずに、いま命を捨てては絶対にいけません。損です！　人はみんな、誰でも、幸せになる権利があるし、そのために生きているんですもの。

2

学校に行けなかったら「晴れでもレインコート」

皆さんは『翼をください』という曲を知っているかしら？　フォークグループの『赤い鳥』が１９７１年に発表した楽曲で、のちに小・中学校の教科書に掲載されて以来、合唱曲としてよく歌われてきた曲ですね。多くの有名歌手がカバーしていますから、一度はどこかで耳にしたことがあると思います。さらに、その曲をモチーフにしたドラマが、１９８８年にＮＨＫで放送されました。タイトルを『翼をください～進学校だけが学校じゃない、でも〝学校はどちら？〟とだけは聞かないで』といいました。

物語の主人公は、とある地方都市の男子高校生。彼は進学校である県立高校に落ちて、落ちこぼれが集まる私立高校に通っています。その弟は成績優秀で、主人公が落ちた県立高校にすんなり合格。それによって兄弟仲がぎくしゃくしだして――というのが物語の始まりです。このドラマは「学校差別をリアルに描いた作品だ」と大反響を呼んで、２年後、舞台作品にもなりました。

ボクはこの舞台公演を劇場で観ていました。主人公が激しく苦悩する姿を見て、当時40歳を過ぎていたボクは激しく心を揺さぶられたの。

「こ、これは……まるでボク自身のことじゃないか！」

「ボクも、〝学校はどちら？〟って聞かれたくなかったもの！」

そう、ボクは主人公の男子と同じように「絶対に合格できる」と思われていた高校受験に大失敗。観劇中、高校生当時のことが昨日のことのように、まざまざと蘇ってきて……胸が痛かった。それほどに高校受験はボクの人生で忘れがたい辛い記憶として胸に刻まれていたんだと、改めて気が付きました。

ボクが受験したのは滋賀県内でも屈指の進学校でした。でも、この1校しか受験しなかったの。当時は、いまのように私立校と公立校を併願するなどということはほとんどありませんでした。そもそも、高校に進学する子ども自体がクラス全体の6割ほど、という時代でしたからね。それに自信もあったのよ。

「尾木くんなら絶対、合格間違いないよ」

進学相談で担任の先生がポンッとボクの肩を叩けば、母もいささかの不安も感じていないようでした。

「直樹なら大丈夫よ」

これで自信を持つな、というほうが無理。ボクは、まさか自分が高校受験で失敗するなんて、これっぽっちも思っていなかったんです。

ところが！　その大切な受験の日、あろうことか、ボクは風邪をこじらせて、急性中耳炎になってしまったんですね。試験当日は40度以上の熱がありました。入試の数日前から風邪をひいていて、咳も鼻水もすごかったの。でも、ボクは中学校を休まなかったんですね。なぜって？　〝皆勤賞〟がどうしても欲しかったんです。皆勤賞の生徒は、卒業式のときに証書と一緒に舞台上で賞状がもらえるんですよ。ボクはそれをもらって、母を喜ばせたかったの。まぁ、それが大きな間違いの元だったのよ（笑）。

中耳炎はなかなかに重症で、耳の奥から頭全体に響くほどの鋭い痛みでした。試験問題を解くどころか、前の日の晩ご飯すら思い出せないほどなんです。急きょ、中学校の先生が高校に連絡を取って、保健室で受験できるように配慮してくれました。でもボクは、自分だけ特別扱いされるのが、ズルいような気がして断ってしまったの。

「ボク、ほかのみんなと同じ教室で大丈夫ですから」

受験会場の教室へ行ってみると、ボクの席は教室の一番後ろの端っこ。廊下からすきま風が入ってくるとっても寒い席で、もう最悪ね。ゾクゾクするし、高熱で頭がボーッとしているし、頭痛はひどいし……。三重苦で試験問題にまったく集中できません。

「これは……マズいぞ……！」

「落ちるかもしれない……‼」

試験が始まってすぐに、ふとそんな不吉な思いが頭をよぎりました。それでも始まってしまったからには、目の前の解答用紙を埋めなければいけませんから、歯を食いしばって2日間の試験を終えたんです。

さて、いよいよ合格発表の日。

「……とはいっても、落ちることはあるまい」

試験の最中に「マズい」と思ったものの、それでもボクはギリギリ、ビリでも受かるだろうと踏んでいました。やっぱりそれだけ自信があったの。

でも、ボクの自信は見事に粉々に打ち砕かれてしまいました。不合格だったんですね。

〝落ちた〟というのは覚えているんですが、ボク、自分で合格発表の掲示板に発表を見に行った、という記憶がないんですね。中学校の先生が受験した各校を見に行ってくれた気もするんですけれど、ハッキリ覚えていません。ウソのような本当の話なんだけれど、合格発表前後のことはあまり覚えてないんです。その数日間だけ記憶が断片的で、ちょっとした記憶喪失（笑）。たぶん、ボクの中でそれくらいショックだったということなんでしょうね。

それから、さぁ困りました。〝落ちる〟準備なんてしていないですし、なにせ県下の高校はすべて入試が終わっていますから。家族はもちろん、学校の先生も一緒になって、頭を抱えました。

「どうしようか……」

「なんとか尾木を高校に行かせないと……」

先生方が手分けしていろいろな高校に事情を説明し、ボクの入学を打診してくれました。するとAという私立の高校が、「そういうことならぜひ」と、事情を汲んでボクの入学を許可してくれました。〝捨てる神あれば、拾う神あり〟というのはまさにこのことなんですけれど、ボクの入学を許可してくれたこの私立高校というのが、当時は大変な〝バンカラ〟、いまで言うところの〝ヤンキー〟高校だったのよ（笑）。男子生徒のほとんどは学生帽をわざとテカテカに光らせて、超幅広のラッパズボンをヒラヒラヒラヒラさせながら、底に画鋲やら釘やら打ちつけてある革靴で〝カチ～ン、カチ～ン〟と足音を立てながら歩くんですね。もう、すごい威圧感。ですから、ほかの学校の生徒は「あのA校の生徒だ！」というだけで、みんな怖がるんですね。そんな中に、学級委員をやっていたようなボクが入ったんだから、それはもう明らかに浮いてるの（笑）。

でも、どの男子も見かけは硬派で怖かったけれど、中身はみんな普通の高校生で、いいクラスメートばかりでした。イジメられたり、ということはまったくなかったですよ。例えば期末テストを返されるときなんか、先生が、ボクの名前を発表したりするんです。ボク、勉強しなくてもイイ点数取れちゃうんだもの。なにせ〝バンカラ〟高校ですから（笑）。

「ひとりだけ100点がいるぞ……尾木！」

そうすると、みんなが野太い声で歓声を上げるワケ。

「うぇぇ！ すげぇなぁ！」

「オレなんか、15点だぜぇ！」

ボクの肩を叩いてほめてくれたりね。

普段の学校生活もなかなか刺激的でした。彼らは、ボクがそれまで知らなかったいろいろな〝情報〟を学校に持ってくるんですね。朝、教室へ行くと、ひとりの男子のまわりにみんながなんだかワーッと集まってる。ボクも「なになになに？」って割って入らせてもらうと、未成年は見てはいけない〝オトナの写真〟をみんなで鑑賞してたりとかね（笑）。Kクンという仲の良い友達もできましたよ。Kクンはバイクの免許を持っていて、彼の持っている大型バイクの後ろにボクも乗せてもらってね。それまでバイクなんて乗ったことがなかったでしょ？もうそのスピード感が驚くほど気持ちよかったですね。Kくんとは一緒に冬山にスキーにも行ったっけ……。

そうやってだんだんとボクは高校生活に馴染んでいったのですけど、ひとつだけ入学当初から少しも変わらず、どうにも馴染めないことがあったんですね。

それは、通学路。高校までの通学路は、ボクにとってただただツラい道でしかありませんでした。「高校まで20キロもある」とか「怖い犬がいる」なんてことでは当然なくて、通っていた私立高校は、ボクが落ちたあの県立高校の正門の前を通らないとたどり着けない——という場所に建っていたからなんですね。毎朝、その県立高校の制服を着た生徒たちが正門の中へと吸い込まれていくのを横目で見ながら、ボクはうつむきながらまっすぐ歩いて自分の高校に向かうの。もう毎日毎日……です。

冒頭の『翼をください』の舞台。劇中ある場面に思わず、こみ上げてくるものがありました。朝、雨が降っていると主人公が喜ぶシーン。ボクには痛いほど主人公の気持ちがわかりました。当時のボクも、雨の日は普段よりちょっとだけ穏やかな気持ちで登校できたんです。なぜって？　雨だと傘をさしたり、レインコートを着るでしょ？　そうすると傘やレインコートに隠れて制服に付けた校章が見えないんです。うつむきながら通学していたボクも、主人公の男子も「あの高校の生徒か……」と周りに知られなくて済む——そう思っていたんですね。

「な〜んだ、そんなことか」

そう思う人もいるかもしれないけれど、これは、15、16歳の子どもにとっては本当に屈辱的なことなのよ。中学から高校にかけて、というのは自我がしっかり芽生えてきて、自尊心＝プライドが高くなっていく時期なんですね。ちょっとしたことでプライドを傷つけられると立ち直れなくなってしまうの。主人公の男の子もボクも、自分のプライドを守るために、雨の日は決まってレインコートを着ていたんですね。

きっと誰にもこうした自分の心を守るための〝レインコート〟は持っているんじゃないかしら？　それをたくさん持っていること、着ていることは決して恥ずかしいことではありませんよ。雨じゃなくたって、晴れの日だって、どんどんたくさん着たらイイんですね。たったそれだけで笑って毎日を過ごせるなら、そんな楽なことはないでしょ？

「お！　少し雨が小降りになってきたな」

「ちょっと暑くなってきたな」

そう思ったら、ゆっくり、1枚ずつ、脱いでいけばいいのよ。

3

留年してでも「ガンジーの精神」

マハトマ・ガンジーという偉人の名前を皆さんご存知ですね。20世紀初頭、イギリスから植民地支配を受けていたインドを独立に導いた指導者で〝インド独立の父〟と呼ばれ、いまでもインド国民の尊敬を集めている人物ね。

そのガンジーさんの有名な考え方が〝非暴力・不服従〟の精神です。

暴力によって独立運動を止めさせようという軍に対して、

「反撃はしない」

「でも逃げもしない」

そして、〝イギリスの製品を買わない〟〝使わない〟という、とても勇気と強さを必要とする戦いを挑んだのですね。

ガンジーさんと比べるのは気が引けてしまうけれど、じつは、ボクもそんな〝非暴力・不服従〟運動をしたことがあるの。それもひとりぼっちで（笑）。

体育科の教員の中に、ある国立大学から派遣されてきたという先生がいました。この先生が、ちょっとクセのある人で、いつもエラそうだったのよ。

「俺は全日本で入賞してオリンピック候補にもなったこともあるんだぞ！」

「大学の教員に教えてもらえるなんて、ありがたく思え！」

なんて。それだけならまだしも、跳び箱やマット運動なんかを失敗したりすると、「何やってんだよ！」と、出来なかった生徒のお尻を蹴るんですね。運動が得意だったボクは、一度も蹴られたことはなかったですけれど、ボクは憤りを感じていたんです。

1学期の終わり頃だったでしょうか。先生がまたしてもひとりの生徒のお尻を蹴ったんですね。そこで、とうとうボクは頭に血がのぼってしまいました。

「先生、蹴らなくてもいいじゃないですか！」

「口で言えばわかりますよ！　体罰なんてそんなの法律違反だ！」

思わず大きな声を出していました。

「体罰はいけない」「暴力はダメ」ということをボクに教えてくれたのは父です。

「なにがあっても体罰はいけない」

父は、事あるごとにそう言って、ボクら子どもたちを一度も叩いて叱ったりということがありませんでした。もちろん母もそう。そうした両親の元で育ちましたから、その体育の先生の行為はボクにとって、とても見過ごせるものではなかったんですね。

「なんだと！　文句があるならもう授業に出るな！」

「わかりました！　もう授業には出ません！」

こうしてボクは、「パチン」と心のスイッチを切ってしまったんですね。それ以来、ボクのひとりぼっちの〝非暴力・不服従〟運動が始まりました。

仲良しのKクンは何度か「一緒に体育出ようぜ」と誘ってくれましたが、「いや、悪いけど出たくないんだよ」と断り続けました。週に2時限の体育の授業中、ボクはいつも校内をひとりでプラプラして時間をつぶしていました。あるときなど、自転車置き場で自転車にまたがっているところを、校長先生に見つかってしまったこともあったわね。

「キミ、こんなところで何してるんだ⁉」

「……あのあの……ちょっと……え〜と、忘れ物がありまして……」

そうやってひとりぼっちのストライキを続けて、たしか2学期、3学期は体育の授業はすべて欠席したはずです。これでは成績のつけようがありません。2学期、3学期とボクの体育の評価は〝赤点〟。つまり、落第点でした。この体育の成績が元で、ボクは留年してしまうんです。

それがわかったのは、高校1年がもうすぐ終わろうとしている、2月のこと。

「直樹、お父さんは今度、香川県へ転勤することになったよ」

気象予報官の仕事をしていた父の転勤で、香川県高松市に家族で引っ越すことになりました。当然、ボクも高松の高校へ転校することに。編入先の候補になったのは県立高校と市立高校のふたつでした。県立高校のほうは、その高校の1年生の期末試験を編入試験の代わりに受けることになりました。結果、なかなかの成績をとれたようで学校側はあっさり合格の連絡をくれたのよ。

一方の市立高校ではキチンと編入試験を受けたの。ボク以外にも編入希望者が何人かいて、ほかの受験者たちと一緒にね。

編入試験の合格発表の日。結果を見に行くと、学校の玄関を入ったところに合格者の受験番号が書かれた紙が貼ってあったんですが、どうしたことかボクの名前がないのよ。

「あれ？　どうしたんだろう……？」

慌てて、もう一度よく見るとその掲示された紙に小さくこう書いてありました。

《〇番の受験生は校長室までお越しください》

〝〇番〟はボクの受験番号です。校長室のドアを叩くと、校長先生がボクにこう説明してくれました。

「尾木クン、キミの編入試験の成績は良かった。でも、前の学校で体育の単位を落としているので2年生への編入は非常に残念ですが認められないんです」

「え⁉　ボク、体育の単位がないんですか⁉」

そうなの！　先に書いたように体育の授業をひとりストライキしていたおかげで、ボクは見事に、体育の単位を落としていたんです！　そのことを校長先生に指摘されて、初めて知ったんですね。考えてみれば授業に一切出ていないんだから当然なんですけれど、驚くボクを見ながら校長先生はこう付け加えたんです。

「この高校で1年生をもう一度やる気があれば、編入を認めますよ」

つまり、〝留年〟扱いであれば編入できる、というワケです

このひと言に、ボクはなぜだかすごく納得したんですね。県立高校のほうは「2年生に編入を認める」と言ってくれていたのですから、何も考えずに2年になることだってできます。普通に考えれば、自ら進んでダブる生徒なんていないでしょ？　でもボクはこの市立高校に入ることにしたの。

「1年生で必要な単位を取らなかった」

↓「2年生になるには単位が足りない」

↓「だからもう一度、1年生をやる」

非常に明快な公式ね（笑）。そのほうが正論だと直感的に思ったんですね。

「筋が通ってる！」

正々堂々、ズルやウソがなくてスッキリしている、とね。同時にその校長先生の理路整然とした、キッチリした話しぶりにも好感を持ったんです。ボクは、その場で校長先生に頭を下げました。

「1年生でいいのでお願いします」

おそらく、母も父も心の中では心配していたと思いますね。でも、ボクの意志を尊重してくれました。

「直樹がそう言うのなら、仕方がない」

ボクのことを信頼してくれていたというのは大きかったですね。

あのときスイッチを切ってしまったことが、思いがけない結果を招いたワケですけれど、それで良かったんじゃないかな、と思うんですね。本音を言えば誰だって留年なんてしたくありません。ボクだってそう。少なくとも普通に進級するよりもずっと大変な思いをするワケですから。でも、ボクにとっては自分自身を曲げることのほうが、留年よりも耐え難いこと、ツライことだったんです。

当時のボクは、やはりまだ受験に失敗してプライドを傷つけられたことが尾を引いていたんですね。鬱屈した思いを抱えていたの。そこはかとなく「満たされない」、なんとなく「気分が晴れない」というもやもやとした日々をボクは過ごしていたんです。

体育の先生の言動は確かに許せないものだけれど、言ってみればきっかけに過ぎなかったと思いますね。もし、あそこでボクがスイッチを切らずに我慢して、毎回毎回体育の授業でイライラを溜め込んでいたら、いずれなんらかの形でボクのフラストレーションはもっと大きく爆発していたでしょうね。

そうなる前に、自分でスイッチを切っちゃいましょ。もちろんガンジーさんの教えを守って、ね。

4

修学旅行よりも「ひょっこりひとり旅」

ボクが高校時代を過ごした香川県の名物といえば、〝讃岐うどん〟ですね。ボクは元々麺類全般が好きで、つけ麺もよく食べるし、沖縄のソーキそばもとっても美味しいと思うし、時間があるときにはウチの近所にあるおそば屋さんでスタッフとお昼を食べるし……というくらい好きなんですけれど、圧倒的、決定的に大好物なのが〝讃岐うどん〟ね。

香川では喫茶店にもあるくらい、どこのどんな店にも讃岐うどんは必ずメニューにあるので、いつでもどこでもうどん。いまでも出張などで香川に行ったときには空港にあるうどん屋さんに必ず立ち寄るんです。コシがあってノドごしが良くて、ホントに美味しいんです。

讃岐うどんは大好きでしたけれど、父の転勤で編入……いや、もう一度1年生からスタートですから〝入学〟した高校は、いくらも経たないうちに大嫌いになってしまうんですね。ある出来事がきっかけでした。

1学期の期末テストを目前に控えたある日のこと。ひとりのクラスメートが急性虫垂炎で入院したんです。

「あらっ⁉　大丈夫かなぁ。お見舞い、行こうかしら……」

心配していると、ボクの近くに座っていた男子がスッと握手を求めてきたんです。

「尾木、やったなぁ！」

ボクは彼が一体何を喜んでいるのかわかりません。彼は笑顔でこう続けたの。

「アイツがテストを休んだら、俺たち、順位がひとつずつ上がるじゃないか」

ボクはビックリして握手しかけた手をひっこめました。

「クラスメートが病気になって喜ぶ人間がいるなんて……！」

彼のこの発言は、1960年代から始まった〝全国学力テスト〟の影響がとても大きいと思いますね。

学力テストで生徒に点数を競わせて順位をつける。その順位が学校の評価になり、地域の評価になり、ひいては市教育委員会の評価、県教育委員会の評価へとつながります。香川県は〝教育県〟と呼ばれるほど、全国でも〝学力〟が高い県だと言われていました。当時の学力テストで、全国1位の成績を獲得したこともあったんです。

でも、その裏側では現場の教員たちが、この発言に勝るとも劣らないようなビックリするようなことをしていたの。これはボクの弟から聞いた話ですが、全国学力テストの前日、弟の担任の先生が信じられないことを言ったというんです。

「○○くんと、○○さんは明日学校を休んでもいいよ」

弟の話によると、このふたりは、クラスの中でもあまり成績の良くない生徒だということでした。つまり、ふたりが休んで学力テストを受けなければ、それによってクラスの平均点を意図的に上げられると、いう思惑なんですね。

実力テストの最中にも不正が横行していました。

試験監督の先生が、生徒たちの席を回りながら、無言で正解のほうを指さして教えていた――なんて場面を見た人はひとりやふたりではありません。事実、ボクの通っていた高校のあるクラスは〝平均点92点〟という、ちょっと常識的には考えられないほどの結果が出たくらいなの。

そんな大人たちのつまらない競い合いに、子どもたちの心まで浸食されていたんですね。順位を競い合うクラスメートや、それを煽る先生たちを見て、ボクはまた、体育をひとりストライキした時と同じように、スイッチを切って自分の殻に閉じこもってしまうんですね。

「こんな人たちと心を通わせたくないやい！」

みんなよりもひとつ年上だったボクは、学級委員など何かとクラスの代表に推薦されたりするのだけど、まるで当てつけのように、すべて断り続けました。そんなボクを見かねて、Tくんという数少ない友人が何度かボクの説得を試みてくれたこともありました。

「なんで尾木クンは、そんなに意固地になるのさ？ ボクは尾木クンが学級委員にふさわしいと思うけど……」

Tクンは背が高くてなかなかのイケメンで。そして優しい子でしたから、彼なりにボクを心配してくれていたのでしょうね。それでもボクは、かたくなでした。

こんな状況はずーっと続いて、ボクは高校生活のメインイベントである修学旅行すら「行きたくない」と、参加しなかったくらいですから。もう、完全に心の

〝引きこもり〟ね（笑）。

でも、学校にはキチンと通ったし、「くだらねぇ！」と叫んで授業をサボったり勉強を投げ出したりもしなかった。逆に闘争心に火がついた、という感じでしょうか。

「なにくそ！」

「絶対に負けるもんか！」

勉強は自分でどんどんしてやろう、と思いました。自分の好きな勉強を好きなように。ここでも意固地になっていたんですね。

でも、そうでもして精一杯ガードを固めていなければ、自分を守れないような気がしていたという部分もあったんだと思います。当時のボクは思春期特有のイライラや反抗心と相まって、まるでマグマのように沸々とした〝怒り〟のようなものを自分の中に抱えこんでいました。〝怒り〟みたいなものをタバコを吸ったり、ケンカをしたりして発散するのはバカらしいと思っていたけれど、キリキリに尖って、ボクはボクのやり方で発散する方法を見出していたんです。

そんなボクには、クラスメートにも内緒の〝秘密〟の場所がありました。

秘密と言ってもそんな大げさなものではないですけど、ボクは放課後、3年間毎日、近所の県立図書館にひとりで通い続けたんです。県立図書館に毎日通うような生徒はボク以外にはいなかったですから、「尾木は図書館に通ってる」なんて誰にもバレません。もっとも、別にバレても良かったんでしょうけれど当時のボクは、

「学校の知り合いが来たら、図書館の空気が汚される！」

なんて思っていたのよ（笑）。それくらい、誰かに〝ボクの大切な場所〟に入られるのがイヤだったんですね。

午後3時過ぎに学校が終わると、それまで切っていた心のスイッチを「パチン」と入れるんです。そして、自転車に乗って図書館へ。静かで時がゆったりと流れているような穏やかな雰囲気がボクは好きでね。図書館では、自習室なんかでテストのために勉強するというワケではなくて、とにかくたくさんの本を読んだんです。

中でもボクが読んだのは、古典文学と哲学書。古典は岩波書店の『日本古典文学大系』という分厚い本を開いて、片っ端から読んでいきましたっけ。部活もしていませんし、遊び回る友人もいないでしょ？　時間だけはありましたから。『枕草子』は全編を暗記できるまで読み込みましたし、『梁塵秘抄《りょうじんひしょう》』という物語もよく読みました。『梁塵秘抄』はかなりマニアックな物語なんですけれど、当時の早稲田大学の入試問題の題材によく取り上げられていたので、いまから思うと受験勉強にもなっていたのかもしれません。それから『論語』『孟子』『孔子』といった中国の文学作品も次々読破していきました。3年間、来る日も来る日もそんな生活を続けているとさすがに古典も読むものが少なくなってきたの。

「よし！　今度は哲学をのぞいてみるか……！」

サルトルやボーボワール、三木清、戸坂潤といった哲学者の著作もずいぶん読み込みました。

そして、図書館にはもうひとつの楽しみがあったんです。図書館の食堂の〝讃岐うどん〟がすごく美味しかったのよ。図書館のうどんは、薄いカマボコが2枚と、わけぎだけ、というシンプルなうどんでね。値段もとても安くて高校生のお小遣いで毎日食べられるくらいだったと思います。

夕方5時40分ぐらいになると、ボクは地下の食堂へ行き、このうどんを注文したものです。おばちゃんからうどんのどんぶりを受け取ると、テレビの前に陣取ってアツアツのうどんをすすりながら当時大人気だったNHKの人形劇番組『ひょっこりひょうたん島』を見る——というのが高校時代の唯一と言っていいほどの〝いい思い出〟です。

『ひょっこりひょうたん島』は、海賊や政治家、ライオンに元ギャング、そして子どもたちと教師……等々、個性的な登場人物が大勢出てきて、次々といろいろな問題や騒動が起こるのですけれど、最後には小さな島はやっぱり平和に落ち着くんです。

『ひょっこりひょうたん島』には、どんなときにも穏やかな優しい時間が流れていました

ボクはうらやましいような、なぜだかちょっぴり悲しいような、そんな気持ち

で、テレビを観ていたんですね。

ボクの高校生活は、この図書館と『ひょっこりひょうたん島』に支えられていた、と言っても言い過ぎではありません。

もしボクがスポーツに打ち込んでいたら部活動がそういう場になったのかもしれないけれど、ボクには本の世界がスポーツの代わりでした。本を読んでいると、頭の中で世界は際限なく広がって行きました。

「ちっぽけな学校の世界に比べたら、なんて広々としているんだろう！」

「つまらないことにこだわっているより、自分で自分の知識や世界を広げていくほうがずっと楽しいぞ」

膨大な量の本が並んでいる図書館は、果てしなく自由で、可能性のかたまりのようにボクには思えたんですね。

時間もエネルギーも無尽蔵に使えればいいけれど、そんなことはできません。ひとりの人間が抱えられるものには限界がありますね。それなら、ムダなところで浪費してしまうよりも、自分にとって大切なモノ、素敵なことに時間とエネルギーを使おう——そんな思い切った発想の転換も必要かもしれませんね。

食事の回数だって、一生のうちで数はだいたい決まっているじゃない。一日、5食も7食も食べられる人はそうそういません。

それならボクは大好物を食べたい。讃岐うどんを食べたいな、と思うんです。

5

受験で大コケしたら「ひとり暮らしのすすめ」

春になって、ボクの研究所に新しいスタッフがひとり加わりました。3月に大学を卒業したばかりの社会人1年生。彼女はそれまでご両親と一緒に実家に住んでいたのですけれど、社会人になったのを機に部屋を借りてひとり暮らしを始めたんです。

「う～ん！　若いっていいわね～！」

知らない土地での新しい生活にウキウキしている彼女を見ていると、ボクも自分が上京したときのことを思い出します。ボクがひとり暮らしを始めたのは、18歳のときでした。大学に合格して……ではなくて、受験に落ちて、そのまま東京に住み着いちゃったのよ（笑）。そう、浪人生活がボクのひとり暮らしのスタートだったんです。

ボクの志望校は早稲田大学。中でも第一文学部哲学科が第一志望でした。言うまでもなく、図書館で多くの哲学者たちの考え方に触れたのが文学部の哲学科を志望した決め手になったのですけれど、そもそもボクは早稲田大学にとても憧れていたんですね。

当時は学生運動が盛んな頃。テレビのニュースでも毎日のように早稲田の大学紛争の様子が流れていました。大隈講堂の前にバリケードを張って、〝学費値上げ反対〟なんてストライキしていたり、自衛隊とにらみ合っていたりね。そんな場面を見ると、もうシビれちゃったの。

「な……なんてカッコいいんだ！」

体育の先生に反発してストライキしたり、留年して同学年の人たちと距離を置くようなボクにとって、どこか早稲田の学生にシンパシーを感じた……もっと言うと、まるで正義のために闘う勇者のようにボクには見えたんですね。

「大学に行くなら早稲田しかない！」

ボクの鼻息は荒くなるばかりでしたけれど、実際に、入試に受かるだけの成績もあったんです。

「尾木は、早稲田なら合格確実だな！」

高校3年の進路相談の席で、担任の先生はそう言いながら志望校を書いた紙に二重丸をつけてくれたんです。国語は元々好きだったし図書館通いの恩恵もあって思いがけず力がグンとついていました。英語も日本史も問題ありませんでしたから、文系3教科の全国模試では、いつも上位に入っていたくらい。

「3科目入試なら東大だって受かるのに……もったいない」

進路指導に熱心だったその担任の先生が残念そうでした。

年が変わって2月。いよいよ大学受験シーズンを迎えました。

「とにかく早稲田！」

だったボクは、第一文学部以外にも教育学部、法学部、政治経済学部と、受験できそうな学部にはすべて願書を出しました。それともう1校。明治の教育者、新島襄が大好きだったボクは彼が創設した同志社大学も受験したんです。

早稲田大学受験のときは、当時開通したばかりの新幹線で上京しました。世田谷にあった親戚の家に試験期間の1週間ほど泊めてもらってね。

「直樹ちゃんも、早稲田の学生かぁ」

入試が一段落すると、気が早い親戚のおばさんだけでなくて、実際にボクも合格を確信していました。試験自体の手ごたえもあったの。

いよいよ第一志望の文学部哲学科の合格発表。ボクはおばさんのウチからひとりで電車を乗り継いで高田馬場のキャンパスへ、合格発表を見に行きました。高田馬場の学生街然とした街並みに、ボクの心は浮き立っていました。

「いよいよ大学生かぁ」

「なんて楽しそうな街なんだろう」

意気揚々と合格発表の会場へ歩を進めました。

ところが！　合格者を張り出す掲示板にボクの受験番号がないんですね（笑）。ボクの前後の受験番号はあるのに、ボクの番号だけがポンと抜けてるの。何度見返してもない。補欠合格者の欄にもない。全然ない。

「……ま、まさか……！」

「こんなことってあるもんか‼」

頭にカーッと血がのぼって、ドッと汗が噴き出してきました。と、同時に高校受験の苦い記憶がフラッシュバックしてきました。

「いや、大丈夫、大丈夫。あと3つ受けてる」

「どこかには受かっているはずだ」

全滅でした。早稲田どころか、同志社もダメだったんですから、もう見事なまでの完敗よ（笑）。ところが、高校のクラスメートは次々合格しているんです。

「ボクより全然、成績が良くなかったのに……！」

「遊んでばかりいたアイツも受かったのか！」

「それなのになんでボクが……！」

とにかく腹が立って腹が立って、悔しくて悔しくて仕方なかったですね。実際にはそんなことまったくないのに、

「あれだけトンガっていたのに、尾木は落ちたらしいぞ」

なんて言われている気がして、恥ずかしい気持ちさえありました。そして、ボクは決心してしまうんです。

「こんなんで四国におめおめと帰ってたまるか！」

「このまま東京で浪人する！」

ボクは上京したときの着のみ着のまま、そのまま東京に残ってしまったんです

ね。そうは言っても、親戚のウチにずっと居候するわけにはいきませんから、まず下宿を探しました。親戚のおばさんも一緒に手伝ってくれて、高田馬場の明治通り近くにある諏訪神社の近所に下宿を見つけ、勝手に契約を結んでしまいました。両親はさすがに心配しました。

「一度、こっちに帰って来なさい」

「少しゆっくりしてから、もう一度考えてみたら?」

でもボクは頑として首を縦に振りませんでした。

「受かるまで帰らん!」

それから1年間、ボクはホントに一度も実家には帰らなかったんです。夏のお盆もお正月も、ただの一日も帰りませんでした。

「誰とも話したくない、口もききたくない」

「ひとりになりたい」

あの時のボクは、そんな風に心が折れていたんだと思うんです。

もしあのまま四国の高松に戻っていたら、ボクは周囲の目に耐えられなくて、本当にウチに引きこもってしまったに違いありません。新しい土地、新しい環境に身を置くことで、わだかまりや周りの雑音をうまくリセットできたのは大きかったですよ。

こうしたことは何も失敗した時に限りませんね。引退寸前だった野球選手が、トレードで別のチームに移った途端、大活躍した——なんて話もよく聞くでしょう？　メジャーリーグのシアトル・マリナーズひと筋で活躍したイチローさんが、電撃的にニューヨーク・ヤンキースに移籍したのは、皆さん驚かれたと思います。

「環境を変えて、刺激を求めたいという強い思いが芽生えた」

イチローさんは移籍を決断した理由をそう語りました。

失敗をしたとき、つまずいた時、行き詰った時には思い切って一旦全部オフにして、環境を変えるのは決して悪いことではないの。ちっとも恥ずかしいことじゃないんですよ。

そこからやり直したって、十分過ぎるくらい間に合いますよ。人生はたしかに決して長すぎるということはないですけれど、それほど短くもないですからね。

6

どうにもガマンできなかったら「ユーミンとこっそり抜け駆け」

どういうワケか、ボクは昔からたびたび、声をホメられるんです。それも一度や二度ではなくて、教員仲間からも、

「尾木さんは、声で得をしてるよね」

なんてことも言われるくらい。自分で自分の声は聞けないですから、自分が「いい声してる」なんて思ったことはないんですけれど、そう言えば、ボクの初めてのメディア出演も〝声の出演〟だったんですね。

1967年から1982年にかけて放送されていたTBSラジオの深夜番組『パックインミュージック』という番組に呼んでいただいたのがボクの最初のメディア出演でした。

『パックインミュージック』は野沢那智さん、永六輔さん、愛川欽也さん、おすぎとピーコさん……といったそうそうたる顔ぶれが毎晩日替わりの司会者として出演して、ゲストを呼んだりリスナーからのハガキを読んだり、という当時、中高生を中心に若者たちに絶大な人気を誇った番組です。いまで例えるなら『オールナイトニッポン』のような番組かしら。その番組に、ボクが教えていた海城高

校の生徒のひとりが「ウチの学校に面白い先生がいる！」とボクのエピソードをハガキで投稿したらしいんですね。

《ボクの通っている高校には荒くれ者の体罰派の先生がいて生徒だけじゃなくて、ほかの先生もビビッて何も言えないんだけど、最近、〝尾木ちゃん〟っていう、ちっこくて若いのに戦いを挑んでいる先生が出現して、学校中が注目してます》

それが番組内で反響を呼んで、ちょっとした話題になったそうなんです。そして番組からボクに生放送の出演依頼が来た——というワケなのね。

このエピソードがボクが公立校への転職を考えるひとつの要因になったんです。生徒のハガキに書いてある通り、当時、海城高校には体罰容認派の先生がいました。全国の教育界でも「指導力がある」ということで有名だったのですけれど、何のことはなくてボクの高校時代の体育教師のように生徒をバンバン殴って震えあがらせ、恐怖心をあおることで〝指導〟に見せかけていた——という教員だったんですね。

もちろんボクは大反対です。

「体罰は法律違反だからね」

「あんな先生を許したらダメですよ〜」

教室で、ボクは生徒にそう言ったりしてたんです。当然、ハガキのように戦いになりますね（笑）。

しかも、小さな職員室の中には〝派閥〟があって、その先生は職員室における最大派閥のリーダーでもあったんです。学校帰りなんか、何人もの先生が金魚のフンのように彼の後をくっついて帰るような、ね。教職員会議や打ち合わせのたびに、毎回毎回小競り合いをするんですものね。

「くだらないなぁ……」

教育とかけ離れた争いですけれど、それでも職員室では、どこかの派閥に所属していないと生き延びられないんですね。なぜなら、私立の学校は人事異動がありません。顔を合わせるメンバーは勤めている限りずーっと変わらないんですから。

人間関係の閉塞感にほとほと嫌気が差していたんですけれど、良くないことは続くものでそんな時に、もうひとつ、学校にガッカリさせられることがあったんですね。

「尾木先生は、本当にたくさんプリントを出されているようですね」

ある日、学校の事務長が呼んでいる、というので事務室に行ってみると、ボクの顔を見るなり開口一番に事務長がそう言いました。

「いやぁ、大したことじゃありませんよ」

ボクはてっきりほめられていると思って、ちょっと謙遜してそう答えました。

「教えているすべてのクラスで、それぞれ〝学級通信〟を出していますからね。でも、それで子どもたちが作文を好きになってくれるならこんなうれしいことはないですよ」

ところが事務長から思いがけない言葉が返ってきたのです。

「先生が赴任されてから、倉庫にある1年分のわら半紙があっという間に底をつくようになってしまいましてねぇ……」

「こんなことは、いままでなかったんですよ!? 無駄使いは控えてもらわないと困るんですよねぇ……」

あまりに予想外の展開で言葉が出てきません。

(あらっ⁉　ボクはもしかして怒られてるの……⁉)

「そうですか…」と、だけ言って、その場を退出しました。

ボクがわら半紙を使って学級通信を発行するようになったのは、教員になってすぐの6月ごろでした。新米教師でしたけれど、もうすでに、教員という仕事が楽しくて楽しくて……。教員になって強く感じたのは、子どもたちは、ひとりひとりに違った魅力があって、優れた才能があるということ。それはたんに勉強やスポーツというだけではなくて、学校生活のいろいろな場面で発揮されているんだなぁ、とボクは感激していたんです。

「クラスのみんなにもクラスメートひとりひとりの素晴らしさを知ってほしい」

「お互いを認め合って、もっと好きになってほしい」

それには、

「プリントにして伝えるのが一番わかりやすいんじゃないかな……」

と思ったんですね。大学時代、学生運動していた学生たちが学内でバラ撒いていた〝ビラ〟から思いついたんです。

当時は学級通信を配る、ということが一般的でなかったので、すべて手探り。ワープロもパソコンもありませんから、プリントを埋める文字も手書きでした。簡易印刷には〝ガリ版〟を使って、ひと文字ひと文字、鉄筆を使って元原稿をガリガリと作っては刷る――ということを毎日、夢中になってやっていました。

この手製の学級通信は子どもたちから大好評でしたね。子どもたちもボクの授業を楽しみにしてくれるようになったんです。勢いづいたボクは、子どもたちに作文をたくさん書かせて、文集も発行するようになりました。自分の担任のクラスだけではなくて、国語を教えているすべてのクラス、それぞれで文集を作ったの。『びわの実』というタイトルをつけて、年間3冊くらいは出していましたっけ。これも当然、ボクの手書きなんですけどなかなか大変。挿絵まで自分で描いてね。

全員分が書けたら、学校の印刷室でわら半紙に刷ってもらうんです。刷り上がったものを今度は、製本屋さんでキチンと1冊の本に綴じてもらいました。製本代はもちろんボクのポケットマネー。1冊作るのに200円くらいかかってしまうのですけれど、この文集も生徒たちはとても喜んでくれました。

「ボクの書いた作文が載ってる！」

すると生徒の文章力、国語力がグンと上がったんです。

「せっかく文集に載るなら、もっと上手く、面白く書きたいな」

「今度はもっと長く書いてみよう」

自然に意欲がわいてくるんですね。新学期の4月から作文を書き始めて、秋になるころには、クラス全員、〝文章を書く〟ということが好きになっていました。好きになると不思議なもので、うんと上手になる。次第に学習そのものに意欲がわいて、国語だけではなく、学力全体が上がっていきました。

さらに気をよくしたボクは、教科書はほどほどに使うくらいにして、手製のプリントで授業をするようになりました。

「なんとか、子どもたちが少しでも勉強に興味を持ってくれる方法はないかな？」

毎日、毎授業がチャレンジでした。

そんな中で、事務長の呼び出しがあったワケ（笑）。たしかに、ボクはほかの先生の何倍もわら半紙を使っていたけれど、その結果、生徒たちの学力も上がっていたんですから。

だからと言って、校長先生に直談判するとか、「紙代も自分で出します！」と啖呵を切るということを、そのときは思いつかなかったんですね。子どもたちのため、ひいては学校のためだと思って自分の時間を削ってまで取り組んでいたことを、「お金がかかる」という理由だけで、否定されたというのがショックだったんです。

「生徒の力を伸ばすのが学校の役目じゃないか！」

「わら半紙代くらいでケチケチするなんて！」

家に帰って、公立中学校の教員になっていた奥さんに話をすると、奥さんは笑いました。

「公立の中学校では、わら半紙くらい使い放題よ」

「それなら公立に変わったら？」

奥さんもやはり最初は私立の女子高に勤めていたのですが、すぐに厳格な校風に嫌気がさして公立中学校に転職していたんです。

「うーん、そうかもしれないなぁ……」

そしてとうとう4年目の夏に、ボクは公立の採用試験を受けたんですね。

さて、採用試験には受かったけれども、ボクに教員としてのスタートを切らせてくれた海城高校には申し訳ない気持ちもありました。

「せっかく雇ってもらったのに、たった4年で辞めることになっちゃって……」

校長先生に辞意を伝えるとき、ボクはてっきり怒られると思っていたんですが、校長先生の言葉は思いがけないものでした。

「そうか、公立へ行くのか……。良かったじゃないか、尾木先生！」

何と返していいかわからず、まごまごするボクを見て校長先生は笑いました。

「きみの未来はひらけたよ。このままこの学校にいたら、ずっと袋小路にいるのと同じだ。もっと大きな世界で頑張ったらイイじゃないか！」

職場に同期は7人いたのですけれど、7人の中で一番最初に辞めたのがボク。同期の教員からは「尾木先生、ひとりで抜け駆けするなんて！」と言われましたね（笑）。

〝もっと大きな世界で〟という校長先生の言葉を実践したワケではありませんが、ボクが『パックインミュージック』に出たのもこの頃だったと思います。自分の勤めている学校の教員同士のいさかいの話をしに行くんですから、いま考えるとボクもなかなか思い切ったことをしたものよね。

「後でモメるかもしれないけれど……ま、いっか」

「なんて言われても構うもんか」

心のスイッチを「パチッ」と切って、ボクは放課後、ラジオ局まで出掛けていったのよ。

「へぇ、スタジオってこんなふうになってるのかぁ……」

何せラジオ局なんてところは初めてですから、完全におのぼりさんよ。半分、社会見学気分で、楽しく好き勝手にお話して帰ってきました。

ボクが海城高校を辞めたのは、放送のすぐ後でした。

そうそう、そういえばちょうどその日、若い女性の歌手がボクと一緒にスタジオにゲストとして呼ばれていたんですね。そして生歌を披露してくれたんです。「デビューしたばかり」だというので、顔を見てもあまりピンときませんでしたけれど、彼女の歌声がもうとっても素敵で！　ボクはいたく感動したんです。

そのデビューしたての若い女の子、たしか荒井由実さんと言いましたっけ――。

7

隣の芝は青く見えるだけ「芝は自分で青くする」

ボクは法政大学でいまでも学生相手に授業をしているのですけれど、2012年の春から新しい肩書になりました。〝教職課程センター〟のセンター長という役職をいただいたんですね。教職課程センターとは文字通り、教職つまり教員を目指す学生のためのセンターですから、ボクが担当しているゼミは教員を志望する学生が比較的多く集まってきます。でも、中には一般企業に就職する学生ももちろんいます。一般企業を目指す学生たちの就職相談を受けていると、働き方に対する考え方がずいぶん変わってきたな、と思いますね。

「3年後には転職したいと思うんですけど、そう考えるとどの会社に入社したらいいのか迷っていて……」

転職を前提として就職する、という学生が決して少なくないんですね。

転職ということはいまでこそ、ごくごく一般的になってきましたけれども、ボクが20代の頃は、〝定年まで勤め上げる〟という考え方が普通でしたし、転職専門のインターネットサイトやイベントもありません。情報が圧倒的に少なかった時代でした。

「あなたは公立が向いてると思う。自由にやれるんじゃない？」

ボクも奥さんのその言に背中を押されて転職をしたものの、公立校の実態がどうであるのか、まったく予備知識なしで転職したんですね。

「いや〜〝隣の芝は青く見える〟とはよく言ったものだわね……」

それが、ボクの転勤初日の感想。同じ学校といっても、私立校と公立校ではもうまったく別モノ、別世界だったんですね。毎日がカルチャーショックの連続でした。こんな言い方をしたら、公立の先生方は怒っちゃうかもしれませんけれど、職員室からしてもう全然違うんですよ。

それまでの勤め先だった高校では教科ごとに職員室が別れていて、国語科の職員室には、『日本古典文学大系』とか、〝あるべき本〟が本棚にずらっと揃っていたんです。それを参考に教材の研究をしたり、隣の資料室ではほかの先生が調べものをしていたり……。つまりアカデミックな学術の香りがするんですよ。ところが、新しい職場の職員室は、アカデミックな香りどころか、本すら一冊もないんですね。

「えーっと……これはどこの工事現場の事務所かしらね？」

なんていうくらい（笑）。なんだか騒然、雑然としてて、本を読んでいる先生もひとりもいないでしょ？

「ボク、すごいところに来ちゃったのかしら⁉」

「いや！　この空気に染まってたまるもんか！」

着任してすぐのころは、またしてもひとりで勝手にトンガってましたね。自分の机の上に書見台をドンと置いて、いつも本を読むようにしてました。ほかの先生たちには「あの新しい人、何を考えてるかわからない」なんて思われていたんじゃないかしら。

実際の仕事の面でも、初めてづくしでした。

「今回の遠足の〝ジットウ〟は佐藤先生と尾木先生、お願いします」

職員会議の中で、こんながあるんですけれど〝ジットウ〟の言葉の意味がわからないの。

（えっ⁉　ジ、ジットウって何かしら？）

〝ジットウ〟というのは、遠足などの下見のこと。正式には〝実地踏査〟と言うんですけれど、それを略して〝実踏〟と呼んでいたの。

「すみません！　〝ジットウ〟ってなんですか？」

と、聞けば済むのだけど、それができないの。なんせボクが〝ジャックナイフ〟だった頃ですから（笑）。担任のクラスを任されることになっても、本格的ないわゆる学級づくり、学級運営は初めて。

「クラスで班を作って、班長を決めておいてください。尾木先生もお願いしますね」

「はい、わかりました（何かしらね？　班長って……？）」

ボクは大学を出たての新人ではなくて、〝29歳の実務経験者〟でしたから、誰も手取り足取りは教えてくれないんです。しかも、「私立の受験校からやって来た」というので、みんな一歩引いて見ているような雰囲気もあったんですよ。

「よし！　自分で調べるか！」

それでボクは毎日、放課後になるとメモ帳を持って、ひとつひとつの教室を見て歩きました。そうすると教室の壁なんかに、〝集配係〟とか〝給食係〟とか〝そうじ係〟とか、いろいろグループ分けして張ってあるでしょ？　それをこっそりメモしてね。

「なるほど、学級というのはこうしてグループを作って運営するのか……」

「ウチのクラスは6人ずつで6グループできるけど、余った人はどうしようか？」

「ふーむ……給食係というのは、こうやってクルクル回る当番表を作って当番を決めるとわかりやすいんだな……」

そうやって覚えたことを次の日、クラスに持ち帰るワケ。

「よし、今日は班決めをやるよぉ！」

「じゃあ、班が決まったら班長を決めておいてね（よし！　これで完璧だ！）」

なんて職員室に戻ると、学級委員がすぐにやって来るんですね。

「先生、班長を決めました。次は何を決めたらいいですか？」

「えっ⁉　つ、次？　えーと次はね……わかんないから、本で調べて明日言うから、待っててね」

学校帰りに慌てて本屋さんへ駆け込んで、教育関連のコーナーで〝楽しい学級作り〟みたいなテーマの本を2、3冊買いましたものね。

ホントにスタートは知らないこと、驚くことだらけ。手探りの毎日でした。でも、これはまだ序の口だったんですね。本当のカルチャーショックはこれからだったんです。

それは、転職してきて初めて通信簿をつけたときです。

私立校のときは生徒の成績は〝絶対評価〟。生徒ひとりひとりの学力の到達度に応じて、ボク自身があらかじめ評価のラインを設定して成績をつけていくんです。

「今回のテストは問題をちょっと難しくしたから、70点以上の点数だった子には5段階の〝4〟をつけよう」

という具合に、周りの生徒の点数に関係なく、ひとりひとりの学力で成績をつけることができますね。もちろん〝5〟が何人いてもいいワケです。絶対評価にはもうひとついい面があって、教員自身の振り返りもしやすいんです。成績をつけてみたら、意外にも〝1〟や〝2〟が何人も出てきた。

「ありゃ⁉　これはボクの教え方が通じていなかったんだな……」

「何がいけなかったんだろう？」

と、反省できる。ところが、公立校は〝相対評価〟です。

「クラス、学年という枠の中で、何番目だったか」

「周りの生徒と比べて、できたか、できないか」

そもそも、評価の振り分けも決められているんですね。5段階評価の〝1〟と〝5〟は全体の7％くらい、〝2〟と〝4〟がそれぞれ24％、〝3〟が38％という具合に。全員をその中に振り分けなければならないんです。ですから、仮にボクが、

「これくらいの問題だったら、トップの生徒には90点くらいは取って欲しい」

と考えて作ったテストでも、一番の点数が50点だったら、その生徒に〝5〟のハンコをポンと押さないといけないの。逆に、一生懸命に勉強して、頑張って頑張って50点を取った生徒でも、クラスでビリだったら〝1〟をつけなければいけないんですね。

頑張ったけれど、テストはできなかったという生徒に〝1〟を押さないといけないとき、ゴム印を持つ手が震えました。ボクは、めったに大きな声を出して怒ることはないのだけれど、職員室で思わず大声を上げました。

「これは評価じゃないですよ！　こんなのは大ざっぱな順位をつけてるだけじゃないですか！　これが公立の評価なんですか！」

ボクの向かいの席に座っていた理科担当のM先生が、困ったように顔を上げました。

「尾木先生の言ってることは正しい」

「でもね、これが現実なんですよ」

ボクのクラスにいたKクンという生徒は、一生懸命頑張っているんだけれど、テストの点数がとれなくて〝2〟がひとつだけあって、あとは全部〝1〟でした。

「こんな成績表をもらって生徒の励みになりますか⁉　こんな〝順位表〟なんて渡さないほうがよっぽどイイですよ！」

「でも、そう決まってるんだから仕方ないじゃないですか」

1学期の終業式当日。ボクは砂を噛むような思いで通信簿を渡しました。

「一応渡すけれど、これはみんなの本当の評価じゃないからね。〝1〟がついてるからって落ち込むことはないよ」

そして、〝尾木ちゃんからの通信簿〟という手製の通信簿も一緒にクラス全員に渡したの。どんなところを頑張ったのかを書いて、ひとりひとりの通信簿の間にはさんでおきました。

納得のいかないことに対して、文句や不満を言うのは簡単です。

「社長の考え方じゃ、部下はついてこないよな」

「ウチみたいな会社は20年遅れてる」

でも、言うだけでは飲み屋さんでグチるのと同じね。なんかカッコ悪いし、グチにはなんのパワーもありません。

「ボクは文句ではなく、意見を言えるようになろう」

そのために、ボクはひとまず不満やら文句のスイッチを切ることにしたんです。

「ボク自身ができることをまずはキチンと全部やろう」

そうでないと、私立校からやってきた、良くわからない新米の言うことなんかに誰も耳を傾けない、と思ったんですね。

芝が青く茂るのを期待して待っていても仕方がないんですね。周りの芝をいっぺんに青くすることはひとまず置いて、出来る事から。まずは自分の足元の芝だけでも水をやってキレイに整えてみましょ。

焦らなくて大丈夫。そのうちきっと、周りにも小さな新しい芽が出てきますからね。

8

道に迷ったら「ふりだしに戻ってみる」

〝人生ゲーム〟ってあるでしょ？　サイコロを振って、出た目の数だけ進んでゴールを目指す――というゲームです。

この人生ゲームは途中、止まったマス目によっていろいろなイベントや〝落とし穴〟が待ち構えていて、就職したり、結婚したり宝くじに当たってお金持ちになれたり、株で大損して無一文になったりするという、ホントに人生の縮図なところが面白さです。

この落とし穴、実際の人生でも、そこかしこにあるものですね。調子のいい時こそ注意していないと、すぐに落っこちてしまうくらいすぐ近くにあったりしますよ。

ボクが教員を辞めて臨床教育研究所「虹」を立ち上げて3年ほど経った頃の話です。ある有名な団体が突然、ボクの研究に援助を申し出てくれたんです。特にボクのほうからは助成金の申請もしていないのに研究所までやって来てくれました。

「尾木先生の活動に感銘を受けまして。ぜひ私どもにご研究のサポートをさせてください」

「本来なら助成金は年間100万円までなんですけれど、尾木先生には特別に増額して助成しますから、ぜひ活用してください」

実際問題、これは個人の研究所にはありがたい申し出でした。というのも、研究活動は皆さんが想像しているよりずっとお金がかかるものなんです。研究室に閉じこもって、机の上で資料をじっと見てるだけでは進まないんですね。コピー1枚とるのもお金がかかるし、そもそも当時コピー機がすごく高くて研究所にはありませんでした。調査からデータの処理など、ひとりでは難しいこともあり、スタッフも雇わねばなりません。

3年目の研究所は、どうにかこうにか軌道に乗り始めているところでした。研究活動は継続できていましたけれど、スタッフを1人雇うのが精一杯の相変わらずの貧乏所帯で、ボク自身のお給料は出せない赤字のままでした。ですから「〝渡りに舟〟だ」とばかりに、ボクは助成金を受けることにしたんです。

ところが、助成に際して、ひとつだけ条件があったんですね。研究発表の際の印刷物や資料、冊子に、この団体のロゴマークを必ず入れて欲しいというんです。

「これはマズいんじゃないかしら？」

「せっかく自由な立場の評論家になったのに、特定の組織の〝ヒモつき〟で研究していると誤解されたら良くないんじゃないかしら……？」

一度はお受けしたので、2年だけ支援していただいて、3年目以降はお断りしました。せっかくのご厚意はありがたかったのですが仕方ありません。

さらに、もっと大きなビックリするような話まで飛び込んできました。とある別の団体から、「ウチの研究所の所長になりませんか？」というオファーがあったんですね。ありえないほど条件のいいお話だったので、ボクも「お話を聞いてみましょ」と、打ち合わせがてら、その研究所にひょいひょいって出掛けていったの。

いや、驚きました！　東京のど真ん中に、素晴らしく広くて設備の整った大きなビルがあって、ある階のフロアまるごと「自由に使っていい」と言うではないですか！　フロアにいた30人ほどのスタッフも全員、ボクの部下。さらに、担当者がひとりの若い女性を連れて来て、「尾木先生の秘書です」なんて言うんですね。「尾木先生は、これまでやってこられたことを、そのままこの研究所でやってくだされぱいいんですよ」

そう言いながら担当者がボクに提示したお給料は、ちょっと書けませんけれどウン千万でした。ザワザワした心のままウチに帰って奥さんに相談したんです。

「こんなスゴい条件のお話がきてね……」

じつは、このときまで、ボク、内心では「引き受けちゃおうかな」なんて思っていたんです。「これまでの研究を続けていい」という話でしたし、環境も、お給料だっていいんですものね。そうすればお小遣いを奥さんにねだることもなくなるし、家族に心配されることもありません。

ところが奥さんは、驚いた顔でボクを見るんです。

「えっ？　あなた、そんなところに雇われちゃったら、これから誰もあなたの話を信用してくれなくなるわよ？」

ハッとしました。そうです。ボクは「お金が稼ぎたいから」「偉くなりたいから」

学校を離れたワケではありませんでした。

何のしがらみも、損得もない立場で、自分の正しいと思う意見を言いたくて、ひとりでも多くの人に、教育の大切さ素晴らしさを伝えたくて、ひとりになったハズなんです。それが、組織や権威に取り込まれてしまっては、まさしく本末転倒ですね。

ボクの奥さんはいつもそうなんです。普段は中村玉緒さんを3倍くらいのんびりさせたようなマイペースな人なのですけれど、大切な場面では誰よりもストレートで的確です。

「主人のお給料が増えてうれしいわ〜」

なんて感覚がちっともないんですね。独立してからというもの、お金やお給料ではずいぶん苦労をかけたと思うのですが、文句やグチを言われたことはただの一度もありません。

それでも、断りの連絡を入れるときはツラかったですね。いったん傾きかけた心のスイッチを切るのは、後ろ髪引かれてなかなか勇気がいりました。

でも、もし、あのときボクがこのオファーを引き受けていたらどうなっていたでしょうか?

多少のお金持ちにはなっていたかもしれないですけれど、教育者、研究者、そして、評論家としては、間違いなく終わっていたんじゃないかな、と思います。評論家は、いつどんな時でもフラットに、何者も恐れずに、どんなところにも踏み込んでいけなくてはならないんです。

でも、生きていく上で、こんな風に迷うことは当たり前の事ですね。

誰もが毎日、迷っています。ボクだってそうです。

迷ったときには、ちょっと立ち止まってみましょ。そして、来た道を振り返って、人生ゲームで言えば一番最初の〝ふりだし〟に戻ってみたらいいんですね。

そして足元をじっと見つめてみましょ。

あの時、あなたが踏み出した〝1マス目〟は、きっと正しいハズですから。

ピンチから「じぶんを広げる」スイッチの入れ方

9

３畳ひと間に住んでみたら「世界は広かった」

ボクはこう見えて〝引っ越し魔〟なんです。引っ越し大好き。知らない土地に行くとワクワクするんですね。新宿区から始まって板橋区、福生市、所沢市、小平市、川崎市、いまの武蔵野市……最短3か月間隔で14回引っ越しをしてきました。「ここいいな！」と思ったところにどんどん引っ越ししてしまうのね。こういう決断はとても早いんです。

そんなボクのひとり暮らしは、先にも書きましたけれど新宿区での浪人生活から始まりました。

東京・高田馬場にあった下宿は、長屋のような大きな建屋でした。ひとり部屋が25部屋ほどあったでしょうか。3畳ひと間で、トイレは共同。お風呂はないですから、近くの銭湯を利用します。朝食と夕食がついてひと月の下宿代は1万2400円だったかな？　両親を説得してひと月1万5000円の仕送りをしてもらうことになっていました。当時の大卒の初任給が4万円ほどですから、公務員である父にとって1万5000円というのは大変だったはずですが、ボクの生活も決して楽ではありませんでした。

仕送りから下宿代を引くと残りは2600円。ここから昼食代、生活に必要な日用品代に銭湯代、もちろん勉強に必要な参考書代も全部まかなわないといけませんから。銭湯だって毎日なんてとても行けません。

それでも、この下宿での浪人生活が、ボクという人間を変えてくれることになるのですから、人生はわかりません。

下宿の大家さんは未亡人の方でした。息子さんと娘さんひとりずついて食事の配膳なんかをよく手伝っていましたね。チリンチリンとベルが鳴ると、食事の合図。下宿は、25人も住んでいる大所帯でしたから、ベルが鳴ったと思ったら、とにかく急いで食堂に行かないと、ご飯がなくなっちゃうのよ。まるで、大家族番組の1シーンみたいでしょ？　ボクは誰よりも早く飛んでいくものだから、大家さんに「尾木さんは、いつも早く来るわねぇ」と言われていました。

そうそう、納豆もこの下宿で初めて食べました。関西人のボクは納豆を知らないから、初めて食べたときは、多分に漏れず衝撃を受けました。

「なっ……なんだ？　これは⁉」

やはり最初はにおいも味もダメでしたねぇ（笑）。でも、納豆を食べないと、おかずがないの。仕方ないからモグモグ食べましたよ。納豆以外のおかずは冷奴とか卵とかで、それにみそ汁とご飯、焼き魚一尾――という質素極まりないメニュー。お昼ご飯も毎日、あんパン1個と牛乳1本でしたっけ。何せお金がありませんから。ホントにたまに、余裕があるときだけカレーを食べに行ったのよ。近所にあったカレー屋さんは安くて生卵が付いてきて、なんといってもおいしくてね。それが唯一の贅沢でした。

着の身着のままで東京で浪人生活を始めたので、家具なんてひとつもないのよ。最初は、もらってきたミカン箱の上で勉強していました。そのうちに、古道具屋さんで安い机を探してきました。そうやってボクは勉強を続けました。

そして、もちろん本も読み続けました。

いまは数がめっきり減ってしまいましたけど、早稲田の周辺にはたくさんの古本屋さんが軒を連ねていました。全部で30～40軒ぐらいはあったかしら？　1軒1軒、お店なりの〝カラー〟があって、「ここは哲学書に強い」とか、「あっちの店は法律系の品揃えが充実している」「この角の店の主人は純文学が好きらしい」とかね。ボクの頭の中にはほとんどすべての古本屋さんのラインナップが入っていましたから、本を探すとなると、その頭の中の地図を元に店に行くんですね。『北村透谷全集』なんて全3巻しかないんだけど、すごく高いんです。

「うわっ！　た、高いな〜」

毎日、あんパンと牛乳なボクにはすぐには手が出ない。それで、仕送りの中からちょっとずつお金を貯めるんです。銭湯に行く回数を減らしたり、たまにお昼ご飯を抜いたりして……。そうやってやっと手に入れると、それがとてつもない喜びでした。『石川啄木全集』も、そのころに買ったものです。どちらも、いまでも大切に持っていますけれど、本を所有する喜びを知ったのはこの浪人時代かもしれません。

もちろんこんな高い本はめったに買えないので、普段は1冊10円とか20円の安い古本の新書なんかを買ってはせっせと読んでいました。3畳の部屋には本棚をひとつおいていたのですがそれでは足りなくなってもうひとつ本棚を買い足しました。

でも、浪人時代、ボクが出会ったのは本だけではありません。たくさんの素敵な人たちとも出会いました。

下宿には、いろんな人がいました。ボクと同じように早稲田を目指して2年も浪人している人もいれば、現役の早稲田の学生もいて。中には東京の甘い誘惑に身を持ち崩して親元に連れ戻された人もいましたけれど（笑）、そういう個性的な面々と、勉強の合間に夜な夜な誰かの部屋に集まっては、文学について語ったり、社会問題について夜更けまで議論をしたものです。

そんな中に早稲田の法学部の学生で、弁護士を目指しているという先輩がいたんです。その人は下宿のみんなからも一目置かれているような、いわゆる〝デキる〟人でした。なんでも良く知っていて、受験にイイ参考書や、読むべき本、他人との議論の仕方なんかも教えてくれるので、ボクはその先輩をとても尊敬していました。ボクは、浪人時代、学生時代を通じて、麻雀やらパチンコやらお酒やら、〝遊び〟をほとんどしませんでしたが、唯一、ビリヤードだけはこの先輩から教えてもらいました。

「尾木クン、いいかい？　ビリヤードはつまるところ幾何の法則や物理そのものなんだよ」

なんて、いま思い出してもシビれちゃうくらいのカッコよさなのよ。

そうそう！　もうひとり、忘れてならない浪人時代に出会ったスゴい人がいましたね。

下宿住まいをしながら、ボクは早稲田にある予備校にも週の何日か通っていたんですけれど、その予備校の同級生に、ボクが勉強でまったく歯がたたない男子がいたんです。単純にテストの得点というだけではなくて、物事の見方やとらえ方、論理力……もういろいろな能力が、圧倒的に高いのです。彼に会うまで、ボクは、「国語だけなら誰にも負けない」というちょっとした自負があったのだけれど、彼にだけはまるで歯が立たなかったですね。

「この人は将来、大物になるに違いない……！」

偉そうにそんなことを思っていたのですけれど、彼はのちに評論家、日本総研の理事長として大活躍する寺島実郎クンでした。それから何十年も経って、最近ボクと寺島クンがある仕事で対談をすることになって、再会したんです。

「偶然ですね、私、尾木先生と同じ名前の古い知り合いがいるんですよ」

対談の席で寺島クンがそう言うんです。ボクは思わず笑いました。

「ボクだよ！　本人！　予備校のときの同級生の尾木直樹だよ」

3畳の下宿での浪人生活は、たくさんの本を読み、勉強し、熱く議論し、とっても充実していて楽しかったですね。このままずっと浪人していてもいいな、と思ったくらい。

「世の中には、いろいろな考え方やものの見方を持った人がいる」

「本の世界も楽しいけれど、実際の人間もなかなか面白いなぁ」

「世界は思っていたよりもずっと広いみたいだぞ！」

それまで、受験に失敗したり学校やクラスに馴染めなかったりと、どこか人との付き合い方に息苦しさを感じていたボクには、パッと目の前が開けた気がしました。

「自分が相手を認める」

「そうすれば相手も自分を認めてくれる」

そう気づいたのですね。たしかに1年間の回り道をしましたし、両親にはお金でも気苦労もかけました。ボクも当初はすごくショックを受けましたけれど、この浪人時代が、いつの間にか忘れてしまっていた、人と関わることの楽しさ、素晴らしさを思い出させてくれました。そして同時に、自分を認めてくれる人、受け入れてくれる人が必ずいるんだ、ということ

も教えてくれました。

一見遠回りに見えても、じつはそれが思いがけず楽しくて得るものが多い道だったりするのね。

10

正解かどうかは「3年後の香川真司」を見ないとわからない

ボクの奥さんはサッカーがとにかく大好きで、イタリアやスペインにまでわざわざ海外リーグを観戦に行くくらい好きなんです。そんな海外リーグで活躍する日本人で、いま一番注目されているのが日本代表の香川真司さんですね。

ドイツでの活躍が評価されて、今シーズンからイングランドのマンチェスター・ユナイテッドに加入しました。このマンチェスター・ユナイテッドというチームはご存じのように超々名門チームで、世界中からスター中のスター選手だけが集まる〝ビッグクラブ〟。そんなところに香川さんは単身乗り込んでチャレンジするの。

香川さんの挑戦とは比べものにもならないですが、19歳だったボクも早稲田大学に2度目の挑戦をすることになりました。

「2年目こそ、パーフェクトに合格しなければ、ホントに四国に帰れないぞ！」というような強い意気込みがありました。ここで負けてしまっては、意地を張って東京で浪人した意味がありませんからね。何度目かわかりませんが、予備校の先生からも、お決まりの〝あのセリフ〟を言ってもらいましたっけ（笑）。

「大丈夫、尾木クンなら今年は絶対に受かるよ」

2度目の受験は早稲田だけ。第1志望はもちろん第一文学部哲学科でした。

当時の早稲田は学生運動の真っ只中で、中でも哲学科はかなり過激な学生たちの巣だったようですが、そのころのボクはそんなことはちっとも知りませんでした。ただ純粋に哲学という学問を求めていたんです。理知的なものへの純粋な憬や探究心が、泉のように湧きあがってくる年ごろだったんですよ。だからこそ、哲学科に入って同じ意識を持った仲間たちと見識を深め、議論を交わし、哲学という学問の道を歩みたかったんですね。

でも、2年目も哲学科の合格者の中にボクの番号はなかったんです。それどころか、法学部にもないし、政治経済学部にもなかったの。

「2浪なんて……！　そんなこと絶対にあってはならないのに……！」

ジットリとイヤな汗が出てきました。

でも、ただひとつ、教育学部だけがボクの入学を認めてくれたんですね。嬉しいよりも、ホッとしたというのが正直な気持ちだったでしょうか。そうやって2

年がかりで、ボクはなんとか早稲田大学の学生に仲間入りできた、というワケなんです。

ここまで読んできたみなさんならもう気づいていると思うけれど、ボクは子どものころから本番に弱いんですね。勝手にものすごく焦ってしまうの。

「期待に応えなきゃ」

というプレッシャーが常にあって、いつも他人の目を気にしているようなところがあったんですね。

65歳になったいまではほとんどないですよ。素のままですけど、それでもクイズ番組に出るともう大変。ボクの名誉のために言っておくけれど（笑）、事前にやる練習問題では大丈夫なんです。あっという間に正解がわかるんですよ。練習だからリラックスしているんですね。ところが、いざ本番になったとたんに急に「負けてなるものか」という気持ちが湧きあがってきて、猛烈に勝手に焦っちゃうのよ。頭が真っ白になってしまって、問題の意味すらわからないという一種のパニック状態です。

野球選手でもチャンスに強い選手もいれば、チャンスにはまったく打てない選手もいますね。サッカーだってどんな世界的な名選手も簡単なシュートを外したりします。

でもプレッシャーに負けたからと言って、それですべてが終わるワケではないんです。当然、一時の失敗がその後の生き方すべてを決めてしまうこともないんですね。いずれまた、2アウト満塁のチャンスも、入れたら優勝が決まるペナルティキックの場面も巡ってくるものです。

サッカー日本代表を指揮するアルベルト・ザッケローニ監督は、マンチェスター・ユナイテッド加入が決まった香川さんにこうエールを送ったそうです。

「3年後、マンチェスター・ユナイテッドにシンジが残っていたら、そのとき〝おめでとう〟と声を掛けるよ」

香川さんの移籍が正しかったかどうかわかるのはいまではない。3年後の香川さんを見てみないとわからないよ——ということ。そう、何が正解か、何が失敗だったかわかるのは、ずっとずっと後のこと、なんですね。

ボクも自分の望む道に進めなかったことは、たしかに少なからずショックでした。ずっと進みたかった哲学科の答案用紙には2年目も正しい解答を書けなかった。

でも、それがボクの生き方としては〝正しい答え〟だったんですね。教育学部に進んだことが、その後のボクの人生を形作っていく基礎になったのですから。

11

夢が持てなかったら「とりあえず…ビール!」

ひょっとしたらお気づきの方もいるかもしれませんが、この本のカバー写真は、東京の吉祥寺にある有名な焼き鳥屋『いせや』さんの店先で撮らせていただいたんです。

「尾木先生、新刊のカバー写真を撮影しましょう」

「今回のテーマは〝昼下がりのお散歩〟です！」

編集者さんに言われるままに、ウチから『いせや』さんまでホントにワンちゃんとお散歩しながら撮影したのよ。『いせや』さんは創業80余年の老舗なのだけれど、焼き鳥はいまだに1本80円！　とにかく安くて美味しいので、ボクもちょくちょく焼き鳥を買って帰ったりしたものです。

撮影も無事に終わって、そのまま『いせや』さんで打ち上げ。カメラマンさんやスタイリストさん、研究所のスタッフも一緒に総勢10人近くだったでしょうか。

「お飲み物、何にしますか？」

じつはボク、それほどお酒が強くないんです。でも、最初の1杯目はやっぱりどうしてもアレよね（笑）。

「とりあえず……ビール！」

お酒が強くても弱くても、いつでもどこでも、「とりあえず……ビール」ですね。世の中にお酒の種類はたくさんあるけれど、これはボクが学生だった頃から、いま法政大学のゼミ生の新歓コンパをする時もそう。ずっと変わらないから不思議ですね。

ボクが入学した教育学部はほかの学部に比べると学生運動も比較的盛んでなかったのですが、それでも授業らしい授業はほとんど行われていなかったんですね。ですから、大学でも朝から図書館に通うというのが日課でした。そういう時代だったの。

自治会の総会なんかに教育学部の代表として出席すると、いろいろな人から、いろいろな議論をまさしく吹っかけられてね。議論に参加できない学生は〝ノンポリ（政治に無関心）〟と相手にされなくなったりね。そういう大学の雰囲気になじめなくて大学に来なくなる学生も多くいました。ボクは、学生運動それ自体にはあまり興味がなかったのですけれど、ポリシーとか信念といったものはキチンと持っていました。だから、誰かに言い負かされたりするのは面白くないでしょ？　議論を挑まれれば、積極的に受けて立ちましたよ。ここで高校、浪人時代と、図書館で詰め込んできた知識が生きたんです。ヘーゲルやマルクス、エンゲルスもずいぶん読んでいましたしね。

「尾木っていう面白いヤツがいる」

なんて言われるようになりました。それでも授業がないから、学びたいこと興味のあることは自分で探さないといけません。ボクは〝農村問題研究会〟というサークルに参加し、熱心にサークル活動にも取り組みました。〝ノウソンモンダイケンキュウカイ〟という堅苦しい名前ですけど、実態は穏やかで。各サークルも学生運動に熱を上げて新人の取り込みやら勧誘やらに熱心に取り組んでいたんですけれど、ここだけはそういうことをあまりしないで、キャンパスの出店ではひたすら将棋を指している――というちょっと変わったサークルだったの（笑）。

ところがいざ研究活動となると、それはもうしっかりと学習し、調査、研究をしているんです。活動とは、いわゆる実地調査――フィールドワークですね。実際に数日間、農家に宿泊させてもらい、農作業を手伝いながら現地で見聞きした課題や問題点をレポートとしてまとめていくのです。

　この時の経験がいまも生きていて、教育評論家としての現場主義的な実地調査に役立っています。この1年だけでも、都内の小・中学校はもちろん、海外の教育の現状を確かめにオランダや中国にも視察に出掛けましたけれど、実際に現場に入ってみないとわからないことがたくさんあるんですね。もちろん、現地で学んだこと、気づいた点、新しい発見はレポートや論文という形でまとめ、発表しています。

「新聞記者になりたい」

　こうした大学生活の中で、〝記者〟という職業に憧れを抱くようになったのは、ボクにとって自然な流れだったように思います。もともと文章を書くのは好きでしたし、中学時代は自分で短い小説や詩なんかを創作していたくらいでしたからね。でもそんな確固たる強い意志があったワケではなくて。

「好きなことを仕事にしたいなぁ」

という程度。それでも漠然と新聞記者は〝なりたい職業〟でした。

ボクの友人の中にも、「新聞社を受ける」という人が何人もいました。すると大学４年になったあるとき、そのうちのひとりがなんだか、グッタリと疲れた様子なんです。目の下にクマなんか作っちゃってね。どうしたのかと思ったら、新聞社の入社試験のために毎日遅くまで猛勉強していると言うじゃないですか。

「えっ⁉　新聞社を受けるのに勉強が必要なの⁉」

就職のために勉強するなんて思いもよらなかったボクは焦りました。当時は就職活動というものがないに等しかったんですね。いや、ボクが知らなかっただけかもしれないけれど（笑）。もちろん面接などの入社試験はありましたけれど、学生も企業もものすごくのんびりしていたの。大学４年の夏休みが終わる頃になってようやく「就職先を探さないとなぁ……」なんて感じの学生がほとんど。大学進学率が20％にも満たない時代でしたから、大学卒というだけで〝引く手あまた〟の状況。早稲田というだけで試験を受けずに入社できたり、「ウチの会社に来ませんか？」と、企業のほうから電話がかかってきたりしていたのよ。

そんな状況だったから、入社のための試験勉強や準備なんて、当然、ボクしてなかったの。しかも、実際に新聞社で働いている先輩に話を聞くと、記者という仕事は想像以上にハードでした。

「〝夜討ち朝駆け〟に徹夜は当たり前」

「昼も夜もない毎日だよ」

この話を聞いただけで、ボクはすっかり尻込みしてしまったんですね。

「これは体が持たないぞ……」

「ボクには向いてないいんじゃないかしら……」

そして、驚くほどあっさり諦めてしまったんですね。結局、夢だったハズの新聞社は1社も受けずに終わってしまいました。

新聞社受験を〝敵前逃亡〟したボクは、小さな出版社を2社受けたんです。そして、たしか、どちらかの出版社からは内定をいただいたと思うんですが、決まった途端、辞退してしまったんですね。明確な理由はないのですけれど、自分の中で、「コレだ！」という確固たるものがなかったんですね。

もっと正直に言うと、〝働く〟こと、つまり自分の将来に対して真剣に考えていなかったんです。働くという事に対して腹をくくれていなかったのね。

そんなワケで、なんとなく新聞記者にはならず、なんとなく編集者にもならず、でも卒業はしないといけない――という状況に追い込まれていきました。

「困ったなぁ……」

「とりあえず……もう少し学生を続けておくかな」

「とりあえず……進学ってことにしておこうか」

こうして、専攻科に〝とりあえず〟進学することになるのです。明確な夢や将来像なんて、当時のボクにはちっともありませんでした。

「若いんだから夢を持たないと」

「5年先、10年先のビジョンを持たないと取り残される」

いまの社会は、とかく目標を持っていることが、あたかも学生や社会人の必須条件で理想のように語られることが多くなりましたね。

たしかに夢をハッキリと持つことは大事ですけれど、でも、ボクは必ずしも、夢を持っていなくてもいいと思うんですね。少なくとも、「夢がないヤツはダメだ」なんてことは絶対にありませんよ。

〝とりあえず〟だっていいじゃない。

〝行き当たりばったり〟が悪いことばかりではないと思うんですね。

あっちへ行ったりこっちへ行ったり、迷うことって若者の特権だとボクは思うんです。

もちろん、迷う中でも何かを探したり、いろいろ経験してみようという前向きな気持ちは持ってて、ね。

12

「いい加減でイイ」じゃない、若者だもの

「とりあえず……」

そんな軽い気持ちで国文科の専攻科には進んでみたものの、その頃のボクには教員という職業につく選択肢はこれっぽっちもなかったんです。

理由はとても単純で、教員という職業を信用していなかったからなんですね。ボクがそれまで出会った教員は、体罰をしたり、自分の実績作りだけに血道を上げていたり、学歴ばかりをひけらかしていたり、

「ロクでもないなぁ！」

と思うような人たちばかりでしたからね。もっとハッキリ言ってしまうと、教員という職業を軽蔑していたフシもあったと思います。

「絶対に教員にだけはならない」

そんなボクの考えを大きく変えたのは教育実習でした。滋賀県の出身中学に行った体験がとても楽しかったの。

「中学生ってかわいいな～！」

「子どもに新しい事を教えるって楽しいんだな……！」

教頭先生から、

「尾木先生は授業が上手いね～」

と褒められてその気になった、というのも理由のひとつでしたけれどね。さらに、背中を押してくれたのが母だったんです。

「直樹は先生に向いているんじゃないかな」

「辛い体験をしてきたからこそ、生徒の気持ちがわかる、いい先生になれると思うよ」

その言葉で〝とりあえず〟フワフワ学生を続けていたボクもついに自分の進む方向を決めたんですね。そして専攻科1年の夏に東京都の教員採用試験を受けました。

ところが、決意に水を差すように公立の採用試験には見事に落ちてしまったのよ（笑）。それもそのはず。だってボク、試験対策の勉強を一切してこなかったんだもの。事前の情報収集不足と言えばそれまでなんですけれど、教職課程は大学の授業でも受けていたし、

「わざわざ勉強しなくてもわかるくらいの試験問題だろう」

と高をくくっていたんです。

ところが試験当日、会場に着いてみたら、ほかの受験生がみんな必死になにやら参考書を開いているじゃないですか。試験官に、

「机の上のものをしまってください」

と促されるまで、食い入るようにそれを見ているんです。

「えっ、教員採用試験って勉強が必要だったの⁉」

「そんなに難しいの⁉」

焦りましたけれど、もう後の祭りです。教員になるための試験科目は〝教職教養〟と、〝専門教養〟の2科目なんですが、1時間目の〝教職教養〟の試験を受けている段階で、「これは落ちた……」と確信しました（笑）。もう自分でもうんざりするくらい〝一発〟試験には弱いんですね。苦手なの。

公立校の教員になれなかったボクに残された道は、私立校の教員になることでした。

私立高の場合は、当時〝登録制〟と呼ばれた採用方法で、公立に比べて比較的簡単な手続きだけでした。教員希望者として登録しておくと、教員を採用したい私立校に連絡先や学業成績などの情報が開示されるんですね。すると教員を探している学校側は、その情報を見て学生に直接連絡をするという方法です。あとは、各学校に出向いて簡単な面接をパスすれば、晴れて採用となるケースがほとんどだったんですよ。

多聞に漏れず教員採用の世界も売り手市場でしたから、ボクもずいぶんいろんな学校から連絡をもらいました。いくつかの学校に話を聞きに行き、その中から、神奈川県内にある中高一貫のT校で働くことに決めたんです。

ところが、ここからボクは〝いい加減〟なことをしでかすの（笑）。

「4月から働く前にちょっと入試の手伝いに来てください」

2月のある日、T校からそんな連絡が入って、ボクは出掛けていったんです。ところが行ってみてビックリ！　T校には朝と放課後、日の丸を掲げるという伝統の儀式があって、その際には直立不動の姿勢で日の丸をジッと見ていないといけないという決まりがあったんですね。その雰囲気がちょっとコワくてね。

「これは、ちょっとついていけないわね……」

一度は受けた内定でしたけれど、断ってしまったんです。

2月を過ぎていましたけれど幸運なことに、すぐに次の学校から内定をいただけました。今度は東京都内にあるS校です。進学校で条件も決して悪くありません。

「よぉし！　ボクはこの学校で教員人生のスタートを切るんだ！」

ところが、これで決まりじゃないかったんですね。

意気揚々としていたボクに〝甘いささやき〟が聞こえたのは、新生活が始まる直前の3月22日のこと。K校という中高一貫の学校から突然、電話がかかってきたんです。

「こんな切羽詰まった時期に申し訳ないけれど、尾木クン、K校にぜひ来てもらえないでしょうか？　じつは国語科の教員に急に欠員がでてしまったんです」

もうS校に決まってはいるけれど、「一応」という感じで話を聞いたのよ。ところが、提示されたK高校の初任給を聞いて、大きく心が揺れてしまったんですね。

「初任給は4万5千円ですね」

「えっ⁉　そんなに高いの⁉」

それは当時、教員の初任給の相場を大きく超えていてS校よりもかなり高かったんですね。

「わかりました。お世話になります！」

もうふたつ返事ですよ。いま思い返すと、あまりにも無責任過ぎて恥ずかしいし情けない（笑）。S校の採用担当者が、すごい剣幕で怒ったのも当然ですね。

「あなたね、もうすでに担任のクラスも時間割も決定しているんですよ⁉　こんなギリギリになっていったいなにを考えているんですか！　常識がなさ過ぎる！」

「す、すみません……！」

始業式まで1週間なのに、突然、

「行けなくなりました」

ですものね。われながらいい加減過ぎるわね。ホントに申し訳ない事をしてしまったんですけれど、それでもなんとかかんとか、S校に謝って断りを入れて、ボクはK高校で教員になることになったんです。

いつの時代も「いまの若い者は……」なんて言われます。ボクは好きではない言葉ですが、最近だと、

「〝ゆとり世代〟はダメだ」

なんて一方的な言い方

もされますね。

でも、若いときなんて誰もが、適当でいい加減。みんな未完成なんです。

ボク自身もまさにそんな未完成でいい加減な若者のひとりでした。

もちろんあまりにも人様に迷惑をかけてしまうのは考えものですけれど、周りに迷惑をかけるのも、それを許されるのも若者の特権ではないかな、と思うんですね。

周りに怒られ、許してもらって、支えてもらって少しずつ人として成長していくことが出来るんですね。

そのためには、

「大人社会が未完成な若者を社会の中で見守って育てていこう」

という懐の深さが必要だと思うの。いまの社会はそうした意識が薄くなってきたことが、ボクは非常に気がかりですね。

とはいえ、まずは勉強でもスポーツでも、進学でも就職でもなんでも、大切なのはとにかくスタートラインに立つということ。そうしてとりあえずスタートしてみることです。

スタートラインに立って初めて見える景色、そこから広がる世界というものがきっとあるはずですから。

13

板挟みに疲れたら「見る前に飛んでみる」

ボクは元々は、人と会って話をしたり、誰かの話を聞いたりということは大好き。小さい頃は家族や周りの友達を笑わせるのが得意だったしね。

でも一方で、こだわりが強くて頑固で不器用なところもあって、「人付き合いが苦しいなぁ……」と感じることもあったの。

でも、これが不思議なもので、子どもたちのため、教育のためとなると、苦手に感じる人とのお付き合いもどんどん出来てしまうの。スイッチが入ってしまうんですね。

公立校に転職したボクは、時間をみつけては出来るだけ〝学校の外〟に出掛けるようにしました。教員同士の勉強会や、研究会にどんどん参加して、学校外の友人や仲間をたくさん作ったんですね。知り合った先生方や知人から頼まれて、研究会の機関誌や教育専門誌に、記事やレポートを書くことも増えていきました。やれることを手当たり次第全部やっていると、不思議なもので話が向こうからやってくるのよ。ボクが初めて本を書いたのも、この頃です。

「尾木先生ですか？　ちょっとお話を……」

ある日、中学校に出版社の編集者から電話がかかってきたのです。

「学級通信などなかなか面白いクラス作りをなさっているみたいですね」

「その学級通信を見せてくださいませんか？」

気安く請け負って、手元にあった学級通信の束を編集者に送りました。すると数日後、また電話が掛かってきたの。

「尾木先生の学級通信、面白いですね〜。ちょっと原稿を書いてくださいませんか？」

ボクは、ふたつ返事で引き受けました。雑誌の特集記事か何かへの寄稿だと思ったのよ。ところが、出版社から原稿用紙が送られてくると、その包みがなんだかずっしりと重い。どう見ても原稿用紙が数百枚はあるんです。さすがにボクもなにかを感じたんでしょうね、すぐに出版社へ電話を掛けて確認しました。

「尾木先生、本を書いていただくんですよ」

「えっ⁉　そうなんですか⁉　ボク、本を書くことを引き受けたの？　本なんか書いたことないですよ！」

慌ててそう断りかけたものの、編集者のほうが一枚上手でした。

「大丈夫ですよ！　尾木先生なら書けます。こんなに楽しい学級通信を毎日書けるんですから。本なんてずっと楽ですよ」

「そ、そうかしらね……じゃ、じゃあやってみますぅ……」

書くと決めたものの、本を書いたことなんてないですから〝本の書き方〟なんてわからないんです。仕方ないから、また学校の帰りに本屋さんへ直行よ。本屋さんで教育実践に関する本を何冊か買ってきて、隅から隅まで熟読しました。

「本って、何をどういう順序で書けばいいのかしら？」

「なるほど……〝章立て〟はこんな感じにすると読みやすいんだな……」

そうやって本を読み比べたりしながら手探りでやっていくと、素人なりにだんだんと本の〝核心〟みたいのものがボヤッと見えてきたんですね。

「ははぁん……こういう表現で読者に訴えるんだな」

「飽きないように読ませていく仕掛けも必要ね……」

そうやって中学校の夏休み40日間を丸々全部使って、ようやく書き上げました。

それが、最初に出版した『おんぼろ学級 受験作戦〜独りぽっちの闘いからクラスぐるみの闘いへ〜』です。この本は、実際にボクが受け持った中学3年生のクラスの1年間を〝受験〟という切り口で綴ったものでした。受験という人生最初の難関を、どうやってクラスみんなで乗り越えていくか——というドキュメンタリー。ボクが受験をテーマ選んだのには、やはり理由があったと思います。ボク自身が高校入試で苦い経験を味わっていたということが大きかったと思います。

初の著書は、いろいろなところから好評をいただいて、後になって、映画化もされたんです。ボクがテレビに出始めたのも、この本がきっかけでした。

1980年代前半は校内暴力や非行の全盛期でした。毎日のように「こんな非行事件があった」「先生が殴られた」というニュースがあって、「面白い本を書いている現役の先生がいるぞ」「その先生に見解を聞いてみよう」と、ボクのところに取材が来たんですね。

こうしてボクは自分で決めた通り、自分の時間を削ってでもできることはなんでもチャレンジしてみました。テレビ出演や執筆だけでなくて講演を頼まれればほとんどボランティアで足を運びました。でも、学校の外の活動のために学校を早退したり休んだり、ということは一切ありません。

「学校や子どもたちの事をおろそかにして、テレビに出たり、本を書いたり、講演に行ったりはしないぞ」

これも決めていたことでした。おのずと、執筆や番組出演は、夜とか休日を使わざるを得ませんけれど、ボクが自分で決めたことでしたから、苦にはなりません。

この東村山で4年間、そのあと練馬で9年間勤めて、国分寺の中学校へ異動することになります。ところが、ここでボクはひとりの教育者として自分の立場に疑問を感じてしまうんです。そして、国分寺がボクにとって最後の勤め先になるんです。

自分で言うのもなんですけれど、手当たり次第にいろいろなことをやっているボクはその頃になると教育の世界では結構知られる存在になっていました。着任した国分寺の中学には、「尾木先生のファンなんです」なんていう先生がいたりしたくらい。ボクの席の横に座っていた、ちょっと可愛らしい女性の先生もそんなひとりでした。

ところがその彼女が、〝体罰〟をしているんですね。ボクがいる横で子どもを床に正座させて叱っているんです。ボクにはちょっと耐えられない光景でした。

「〝尾木先生、すごいな〟って尊敬してるんですよ」

そう言っていた体育の先生は、顧問をしていたサッカー部の生徒たちを集めて、試合にふがいなく負けた罰として丸坊主にしたんです。

「ボクの言ってきたことが現場の先生たちにホントは全然伝わっていなかったんだな……」

大きな挫折感を味わいました。でも、ボクは何も言えなかったんですね。

「それは体罰だよ！　そんな体罰しちゃいけないじゃない！」

すぐにハッキリ言うべきなんだけれど、言えないの。

言い訳するのではないんだけれど、ふたりともすごく熱心な先生で、とても素敵な先生だったんですね。生徒たちを憎いと思っていたり、体罰でみせしめしている、というのでも、もちろんありません。彼らなりに一生懸命に指導しているんです。だからふたりとも、正座させたり丸坊主にしたりすることが体罰だとはちっとも思っていないのね。

「〝体罰だ！〟っていきなり詰め寄ったら、きっとショックを受けてしまうだろうな……」

「着任早々、ぶつかり合いをするのもどうかしらね……」

学校は子どもたちのための学びの場であると同時に、教職員にとっての職場でもあるんですね。無理にベッタリくっついて仲良くする必要はないですけれど、同じ組織の中で一緒に働く者同士のコミュニケーションや人間関係はとても大切です。気づかないうちに、ボク自身も組織の一員になっていたのかも知れません。少し年をとって、物事の考え方や見方が変わったということもあるでしょう。

でもその一方で、相変わらずメディアで「体罰はいけない」と声高に訴えているボクもいる。違和感や矛盾が、ボクの中でどんどん膨らんでいくのを感じました。目の前の問題を解決するか、10年後のために力を尽くすのか——これは簡単には答えが出ませんね。悩む日が続いて、心労とストレスからとうとう体調を崩してしまいました。ストレス性の病気と診断されて、しばらく学校を休むことになってしまったんですね。

そして、とうとうボクは結論を出したんです。

「ひとりでどこまでやれるかわからないけれど、自由に言いたいこと、意見を言い続けたい」

大好きだった子どもたちと、教育現場を離れるのはやっぱりつらかったですけれど、気持ちのスイッチを「エイヤッ」と切り替えました。

「これからは、教育現場と社会をつなぐ仕事をしよう……！」

こうしてボクは臨床教育研究所「虹」を設立しました。1994年、ボクが47歳のときでした。何のアテもなかったですけれど、スタートラインに立つことにしたんです。

プールの飛び込み台なんかでもそうでしょ？　たった3メートルの高さの飛び込み台でも、下を覗き込んでしまったら足がすくんでなかなか飛び出せないものです。スタートラインに立ったら、見る前にぴょんと飛んでみればいいのよ。

大丈夫。失敗したところで、お腹を思い切り水面に打つくらいですから。

14

小遣い2000円でわかった「そばにいる人はプライス・レス」

奥さんの理解もあって、ボクは40代も折り返しを過ぎてから、フリーランスという、組織から完全に離れた立場で活動するようになりました。〝フリーランス〟なんて言うと、カッコいいのだけれど、実際はなーんにもプランはなかったんですね。

普通は、どこか行き先や新しい仕事を見つけてから会社を辞めるものですけれど、いきなり「無職」ですものね（笑）。「辞める」となったとき、学校の事務長からもこう言われました。

「尾木先生、あと2年頑張ったらどうですか？　あと2年務めれば年金もキチンともらえるのに……」

「あらっ、そうなの⁉　辞めるときって、みんなそういうことを考えるものかしら？」

「当たりまえじゃないですか！」

それでも、ボクの頭の中には、なんとなく今後のプラン……いや〝願望〟みたいなものはあったんです。

じつは国分寺への赴任と前後して、1年間、東京大学で講師をやらせてもらう機会があったんですね。東京大学のある教授が、

「尾木先生を講師として呼んでほしい」

と掛け合ってくださって。東京の本郷にある教育学部のキャンパスで、3〜4年生の学生を週に1度教えるチャンスに恵まれたことは、とても刺激のある貴重な時間でした。

「大学生も中学生と変わらないじゃない！」

意外で面白かったんですね。そのとき、ふと思いついたんです。

「チャンスがあれば大学生を教えてみたいな……」

「大学でいくつか講師を掛け持ちしたりすれば、当面は生活はなんとかなるのかなぁ……」

ですが、もちろん講師の話なんて一切ありませんから、こうなると〝願望〟というか、〝妄想〟ね（笑）。

それでも、人生とはなかなか良く出来ているもので、やはり〝捨てる神あれば、

拾う神あり〟。それまでボクがいろいろな研究会や勉強会で知り合った仲間が手を差し伸べてくれたんですね。

教員を辞めてすぐのこと、成蹊大学のS先生がボクに電話をかけてきました。

「尾木先生、中学校を辞めたそうですね！」

「そうなんですよ」

「それじゃあ、ぜひ後期からウチの大学で授業を持ってもらえませんか？」

「もちろんですよ！　何せボク、暇だらけの無職ですから」

冗談で切り返しましたけれど、内心とってもうれしいお誘いでしたね。

法政大学の講師を始めたきっかけは、ある研究会で知り合ったK先生でした。

東京経済大学のK先生に至っては、ボクにご自分の受け持ち講義を譲ってくださったんです。

「尾木さん、ボクの2コマあげるから使って！　頑張ってよね！」

温かい言葉に、本当に励まされる思いがしました。結局、成蹊大学、法政大学、東京経済大学で非常勤の講師として雇ってもらえることになったんですね。これはいきなりフリーランスになった者としては、とても幸運なことだったと思います。

3校以外にも岩手大学などいくつかの大学から短期講座や集中講義などの非常勤講師の仕事をいただきました。岩手大学は、集中講義として半期に一度、2泊3日ぐらいの泊まり込みで講義をしに行くんです。

教員宿舎に泊まって、朝9時から夕方4時までびっちり講義を2日間。これが予想以上にキツかったの。こういう集中講義のときも受講生にやっぱりボクは講義通信のプリントを配るんですね（笑）。夜遅くに、講義を終えて教員宿舎に帰って来てから、次の日の講義で配るために大急ぎでプリントを作るんです。だからたった2日間なんですけれど、もうヘトヘトになって……。

さて、これだけ書くと常勤講師として3つの大学で教えて、非常勤講師もやって当初の計画通り……いや、それ以上に生活も成り立ちそうに思うでしょ？ところが、これが全然なのよ！ というのも、大学講師のお給料というのは、当時はすごく安かったんです。だから、3つの大学を掛け持ちして、非常勤の仕事もして、こまごまとした原稿書きとか講演をこなしても、毎月の収入は12万円～13万円がやっと、という状況でした。

「えっ⁉　こんなに安いの⁉」

大学からペラッと渡された給料明細を見て、さすがに顔が青ざめたものね。

これはいまでもそうなんですけれど、ほぼすべての大学は、講師のような非正規雇用の教員によって支えられているんです。いまから10年ほど前に社会問題化して、多少は待遇が改善されたんですけれど。大学にも非正規雇用の問題があるんですね。

結局、独立した最初の年。収入から経費なんかを差し引いた所得は86万円でした。サラリーマンではないですから、昇給だとかボーナスだとか、それまで当たり前のようにあったものもありません。このころのボクはホントにお金がなかった。そうそう、こんなこともありました。

研究者たるもの、いろいろなところに自ら足を運んで、たくさんの人に会って新しい知識をどんどん吸収しないといけません。

この日もある研究会に出かけたんです。教員や教育の関係者が意見交換したりするこうした研究会、勉強会というのは、本会が終わると、たいていの場合、参加者の懇親会があるんですね。懇親会の会費は3000円。

でも、ボクはその3000円がどうしても払えなかったんですね。と言うのも、ボクが用事で出掛けたりするときは、奥さんのから〝一日、2000円〟もらって出掛けていたんです。どこへ行くにも、何をするにも2000円。

2000円というのは、もちろん交通費やらをひっくるめてですから、もう全然足りないんですね。懇親会の参加は最初から無理なの（笑）。それでも、一応、念のために、出がけに奥さんに話してみるの。おずおずと。

「あっ！　あのね……今日ね、ボク、研究会に行ってくるのだけど、終わったあと懇親会があるの」

「それで費用が多分3000円くらいなんだけど……」

「あ、そうなの？　ハイ、じゃあこれね」

お財布から出して渡してくれたのは、1000円札2枚……。もう〝交渉の余地なし〟なんですね。

研究会が終わったあと、みんなゾロゾロと近くの居酒屋へ向かいます。仕方ないから、

「ちょっとボク、用事があるから……」

と、帰ろうとしたんです。すると、研究会の参加者のひとり、I先生が帰ろうとするボクに声をかけてくれました。

「尾木先生、こんなときに帰る人じゃないのに、一体どうしたんですか?」

I先生はいま北海道の大学で教授をされているのですけれど、当時は小学校の教員をしていて、研究会のメンバーのひとりでした。

「いや～、お恥ずかしい話なんですけど、じつはお金がなくてね……」

正直に言うと、I先生が、自分のお財布から1万円札を取り出して、ボクにこっそり渡してくださったんです。

「尾木先生、これ、使ってください」

「活動費のカンパですから」

「え⁉　いいんですか⁉」

もうＩ先生がお釈迦様のように輝いて見えたわね（笑）。それだけではなくて、Ｉ先生はボクと顔を合わせるたびにカンパしてくれたの。ポケットマネーから出してくださってね。ボクもちゃっかり、

「ありがとうございます！　助かります」

なんていただくんですけれど、いや、これは本当にありがたかった。Ｉ先生だけじゃなくて、当時、小学２年生だった娘までもがボクのことを心配していましたっけ。


ある日、一緒にお風呂に入っているときに、娘がちょっと哲学的な面白いことを言ったんですね。それにボクがすごく感心したんです。

「すごいねぇ！　そんなことまで考えてるの！」

そしたら、娘がこう尋ねるの。

「お父さん、私、いまなにかお父さんのお仕事の役に立つようなこと言ったの？」

ボクがいつもお金がなくて、

「お母さん、お金……」

なんて言ってるのを見て、

「お父さん、困ってるんだな……」

と子ども心に心配していたんですね（笑）。

「うん、役に立つこと言ったよ。ありがとう」

そう答えたら、娘はすごく喜んでうれしそうに笑ってね。

ちょうどこのころだったと思います。ボク、あまりに人生に悩んで一度、自分の人生を占ってもらったことがあるんですね。

ボクはこう見えても、神様にお願いしたり、祈ったりということがまったくないんです。たとえば受験の時も合格祈願なんかに行ったことが一度もありませんでした。お守りも自分で買ったことはないボクが占いに行くなんてことは、かなり精神的に追い込まれていたんでしょうね。独立したはいいものの予想以上に厳しくて。

「ボクの人生、どうなっちゃうのかしら……？」

「ひょっとして、いまの仕事を辞めて、やっぱり先生に戻ったほうがいいんじゃ……?」

せっかく手に入れた自由な立場を捨てるかどうかも考えるくらいでした。

「ちょっと、神様に聞いてみましょ……」

ウチからほど近い吉祥寺のデパートに〝占いコーナー〟があって、占い師さんがいつも何人か座っていたのを覚えていたので、ひとりでお散歩がてら行ってみることにしたんです。

初めてそんな占いコーナーなんて行くワケですから勝手がわからないんですけれど、手相を観てくれる占い師さんがいたので、その人の前に座りました。

「…………」

じーっとボクの手相を観ていた女性の占い師さんが顔を上げました。

「あの……ど、どうでしょう?」

「このまま教育評論家としていまの仕事を続けてもいいのでしょうか?」

「心配しなくて大丈夫!　あなたは何をやっても大成功しますよ」

特になにかスゴいアドバイスをもらったワケではなかったんですけれど、嬉しかったですね。帰り道、すごく体が軽かったのを覚えています。

いまこうして改めて振り返ってみても、ボクは人に恵まれていたんだなと思います。

「人とのつながりは本当にかけがえのないものだなぁ」

つくづく実感することばかりです。

ボクは若いころから、意識して学校の外、職場の外にいるたくさんの人たちとお付き合いするようにしてきました。面白そうな研究会や勉強会には、どんどん参加していたんです。いろいろな人と出会って新しい話をするほうが刺激的だし、面白いですよね。

「なるほど、そういう考え方やモノの見方もあるんだな」

「いや〜、この人は優秀だなぁ……！」

自分の世界も広がります。

学校や職場というのはとても小さな閉鎖的な世界ですから、そこに閉じこもってばかりいると、どうしても人間関係や考え方も小さくなってしまうような気がしたんですね。それは、ボクが苦しかった高校時代を通じて、身に染みて学んだ〝哲学〟でした。

こうした、たくさんの人たちとの関わりや時間を大事にしてきたことが、ひとりになったボクを助けてくれたな、と思うんですね。

良く言われる言葉ですけれど、やはり、人は財産です。

いまボクの研究所には、数人のスタッフがいますが、スタッフの皆さんにはホントに感謝しているの。だって、支えてくれる人がひとりでもいなくなってしまったら、ボクはその日のスケジュールもわからないし、原稿も溜まる一方だろうし、『ダウンタウンDX』で思い切りスべってしまうだろうし、どんなブローチを付けたらいいかすら、本気で悩みますよ。

スタッフ全員の支えや導きがあって初めて、ボクがキチンと仕事できるんですね。

苦しいとき、辛いとき、そっと支えてくれる人、そばにいてくれる人、笑顔をくれる人はきっとあなたの味方です。お金なんかには決して代えられない大切な財産、宝物なんですよ。

ボクは、6回の落第と
18回の挫折を乗り越えて
63歳でママになった

皆さん、ご存じの通り、ボクが尾木ママになったのは、つい最近のことです。『ホンマでっか⁉TV』で、明石家さんまさんが「ママ」と呼んだのがキッカケ。ホントに不思議だなと思うのですけれど、その日を境にボクの生活、人生は大きく変わりましたね。いまから2年半ほど前、ボクが63歳の時でした。でも、もちろん、ボクは〝ママ〟でもなければ〝オネェ〟でもありませんけどね（笑）。

学生時代、教員になりたての頃のボクだったら、間違いなく「失礼だ！」って怒っていたでしょうね。10年前のボクでも、ひょっとしたらそうだったかもしれません。

でも63歳のボクは、なぜか、嫌な気持ちがしなかったんですね。それどころか、

「ボク、認められている！」

と強く感じました。これはなによりさんまさんが上手だったと思うんですけれど、もうひとつ、周りの皆さんが喜んでくれたことが大きかったと思います。

「いや〜、尾木先生、面白かったですよ！」

「お話が上手ですね〜！」

共演者の方々や番組のスタッフの皆さんがすごく喜んでくださった。そして何より、視聴者の方々が喜んでくださったんですね。ボクのホームページや番組ホームページにたくさんのメッセージが書き込まれました。

《〝尾木ママ〟、面白かったです！》

《さんまさんと尾木ママのカラミが最高でした》

ホントのことを言うと、最初はその「尾木ママが面白い」という感覚がボク自身はよくわからなかったんです。面白さはわからなかったけれど、

「なんだか、みんなが喜んでくれているみたいね……」

というのはハッキリ伝わってきたんですね。

「こんなにも喜んでくれるんだったら、いままでの自分にこだわる必要なんかないんじゃないかしら？」

「よし、思いきってこのまま〝ママ〟になっちゃいましょ！」

ボクの中で、「パチン」とスイッチが入った瞬間でした。

それまで研究所のホームページしかなかったのですけれど、〝尾木ママ〟を前

面に押し出して、ブログも変えてみました。スタッフはさすがに心配顔でしたっけ。

「先生、ホントにいいんですか？」

「いいわよ。みんなが求めてくれてるんだもの！」

いままでは、街を歩いていると小っちゃな子どもからおばあちゃんまで、あらゆる世代の人たちが声をかけてくださったり、握手をしてくださったり、一緒に携帯電話で写真を撮ってくださったりします。〝ママ〟以前は、それこそ何十年も前からテレビにだって出ていたのに、声を掛けられたことなんて1度くらいだったんじゃないかしら？

バラエティ番組にもたくさん出させていただいていますけれど、

「〝オネェ枠〟で出ていただけませんか？」

なんていうオファーをいただいたりもするのよ。

「先生、難しかったら別のグループに入っていただきますけど……」

「いいえ、そのグループでいいですよ〜♡」

オネェのグループに入れてもらえる経験なんて誰もが出来るものではありません。キャーキャー言いながらクイズに答えるなんて面白そうでしょ？　文化人グループでちんまりしているよりも、ずっと刺激的。

こんな経験、〝尾木直樹〟では一生なかったでしょうね。

大学では、ボクの講義を受ける学生が驚異的に増えて、一番大きな教室が常に満杯の状態です。法政大学の学生だけでなくて、「学校が終わってから急いできました」なんていう高校生や「孫の学校選びのために来ました」なんていうおばあちゃんやら、新幹線でわざわざ名古屋から駆け付ける人まで聴講に来てくれるんですね。

ボクを「尾木ママ」と呼んでくれるたくさんの人に出会ってボク自身が、気づいたこともあるんです。ボクはそれまで、

「自分の研究は、しっかり教育現場に則してる」

「全国の保護者と子どもたちにキチンと届いている」

そう自負していました。でも、必ずしもそうではないと気づいたんですね。

それまで、ボクの話に耳を傾けていた大多数は、PTAの役員さんだとか、小学校受験や中学校受験を真剣に考えるような〝教育に熱心な人たち〟〝教育問題に意識の高い人たち〟だったんですね。

ボクは、そういう人たちが〝一般〟の人たちだと思っていたんです。

でもそれは、ボクの勘違いでした。

街で「尾木ママ〜!」と、親しく声をかけてくれるような人たちが、ホントは、「ごくごく〝普通の人たち〟だったんだなぁ……!」

尾木ママになって、ボクはようやく気づけたんですね。

そして、こうしたごく普通の皆さんが、ボクをとっても信用してくれているな、と感じるんですね。いや、これまでも信用がなかったワケではないと思うのですけれど、いままでよりもずっとストレートにボクの発言をスッと受け入れてくれる。すぐに理解してくれる。同じ目線に立って一緒に悩み、考え、思いをわかち合うことができる——これはボクにとって大きな発見であり、学びでした。

《尾木先生は、〝ロマンティック・リアリスト〟ですね》

ある雑誌の取材に答えて、ボクのことをそう評してくださったのは、前に書いた東京経済大学のK先生です。出来上がった記事を読んで、

「K先生、なかなか上手いことを言うなぁ……」

と、思いました。

人にとって、理想や大きな目標を持っていることは大切です。ボクも理想をずっと心の中に掲げていますけれど、でも、理想だけではダメなんですね。現実をキチンと見ることがとても大切だと思うんですね。

ボクがまだ中学校の教員だった頃の話です。

中学校から出向というような感じで東京大学の研究員になれる〝内地留学〟という制度に応募したことがあるんです。1次試験のペーパーテストをパスして、2次試験の面接へ進むことができました。ところが、この面接でボクは試験官と〝現実〟を巡ってケンカしちゃったの（笑）。口頭試問で、試験官にこう尋ねられたんです。

「あなたは中学2年のクラス担任です。朝、出席を取りに行ったら、女の子が突

然、髪を茶髪にしていました。あなたはどう指導しますか？」

その問題自体に、どうしても納得できなかったボクは、思わず、

「突然、茶髪にしてくるなんてことは現実にはあり得ないですよ」

「茶髪にする前に、マニキュアやリップをつけてみたり、シャツのボタンをはずしてみたり、上履きのかかとを踏むとか、スカートの丈に変化があるとか、そういう〝段階〟を踏むハズですもの」

「その時点で担任ならすぐ気づきますから、〝突然、髪を染めてきた〟なんてことは現実とはかけ離れてますよ」

もちろん、試験官をバカにしていたりとか、反抗してるつもりはありませんよ。むしろ「キチンと答えなきゃ」と思ったからこそ、そう答えたんです。そしたら、怒られてしまった。

「いいですか？　私はあなたと議論してるんじゃない。ここは議論の場じゃなくて試験なんです！　質問に答えればいいんです！」

もちろん、見事に不合格でしたけれど、やっぱり現実からかけ離れた理想や、

理論は教育には、少なくともボクにとっては意味がありません。

高校受験に失敗、留年、浪人、それでも第一志望に受からず、就職試験にも落ちて、内地留学の試験にも落ちて――ボクは、これまで6回も落第したし、挫折や失敗、回り道を18回……小さなピンチやつまずきを入れたらもう数えきれないほど味わってきました。

でも、その度にボクは、その挫折や失敗やピンチを「よいしょ……っと」と、何とか乗り越えてきました。それを受け入れてきたと言ったほうがいいかもしれませんね。

なぜなら、挫折や失敗というのは、自分自身を映す鏡だからです。そこには自分の本当の姿があると思うんですね。成長というものは、その自分自身を受け入れることから始まるんじゃないかな、と思うんです。

「本当はこうしたかったけれど、こうなっちゃったら仕方がない」

「じゃあ、どうしようか?」

「よし！　こっちへ行ってみよう」

すぐには受け入れられなくとも、時間をかけたりいろいろ物事を吸収する中で、ボクは挫折や失敗を〝自分の味方〟にしてきたんだな、と思います。

人生を歩むとき、何をもって「成功した」と言うのかは人それぞれですけれど、ボクは、転んでもつまづいてもボロボロになっても、最後の最後に笑っていられたらそれが成功なんじゃないかな、と思うんですね。

どんなピンチも味方に付ければきっと最後には笑えます。

笑えた瞬間、ピンチは過程に変わります。

こう考えると、ボクは本当の意味で挫けてしまった事はないのかもしれませんね。折れかけた事は何度もあったけれど。

そして、60歳も半ばを過ぎたいま、ボクは〝尾木ママ〟という、もうひとり分の人生を楽しく歩いています。15歳のボクも、22歳のボクも、47歳のボクも、63歳を過ぎて「ママ〜!」と呼ばれるなんて、想像すらも出来なかったのにね。

だからボクはこう思うの。ピンチも失敗も挫折も遠回りも、全部、素敵な人生を送るために必要なスイッチだったんだって――。

おわりに

「尾木ママは笑顔がステキ」

「癒されちゃう♡」

　みなさんがそんな風にボクのことを言ってくださるようになってから、だいぶ時間が経ちました。自分では、〝癒してる〟自覚があまりないのですけれど（笑）、そうやってみなさんに喜んでもらえるのはボクもとっても嬉しいことなのね。さらに、もうひとつ、会う方、会う方、みなさんに尋ねられることがあるんです。

「どうしていつもニコニコしていられるんですか？」

「はて……どうしてかなぁ……？」

　いま原稿を読み返してみても、ボクの人生はたしかにピンチだらけでした。挫折の連続よね（笑）。これでよくニコニコしていられたな、と思うんです。

「うわぁ……よく心が折れなかったわね……！」

なんて、自分自身の感性のあまりの〝鈍さ〟（？）にアキレてしまいました。

たしかに、どんな時でも「前へ、前へ！」と進んできた実感はあるのですけれど、でも、次から次にやってくるトラブルや困難というのは、単に前向きな姿勢だけでは対応できるものではなかったんじゃないかな、と思います。

ピンチに対処するカギを握っていたのは、やっぱり〝スイッチ〟。

ボクの心の中にあるスイッチでした。

ピンチや失敗、挫折のたびにキチンと気持ちを切り替えられたからこそ、ボクは笑顔をなくさなかったんだと思うんですね。この本では、ボクが65年間の人生で出会ってきた、向き合ってきた幾多のピンチを振り返りながら、そのくぐり抜け方に丁寧に寄り添ってみました。言ってみれば、〝尾木ママ流ピンチ脱出法〟です。

いじめ、引きこもり、受験、就職や雇用の問題、ケータイやインターネット……と、いま子どもたちや若者を取り巻く環境は決して楽ではありませんし、とても複雑ですね。

でも、どんなに複雑に大変になってもピンチにもへこたれない人生の歩き方、楽しみ方は変わらないものだとボクは思うんです。まずは、「パチン」「パチン」とあなたの心のスイッチも動かしてみましょ。それが気持ちの〝切り替え上手〟になる第一歩です。

この本を読んでくださったみなさんの人生が少しでもラクで豊かになれば、こんなに嬉しいことはありません。

みなさんの心にゆとりを。

そして、笑顔がいっぱいになりますように——。

尾木ママ

2012年夏

ピンチを「味方にする」スイッチ

著　者　尾木直樹

制作協力　臨床教育研究所「虹」

撮　影　岡 利恵子
スタイリング　奈良則子
ヘア＆メイク　加藤聖子（VIRTU）
構　成　相川由美
編　集　石井康博

編集人　小田切英史
発行人　伊藤 仁
発行所　株式会社主婦と生活社
〒104-8357 東京都中央区京橋3-5-7
編集部 TEL03-3563-5194
販売部 TEL03-3563-5121
生産部 TEL03-3563-5125
印刷所　太陽印刷工業株式会社
製本所　株式会社若林製本工場

ISBN978-4-391-14154-2　